우리 시대의 새 생각

도올 김용옥이 말하는

老子와 21세기[1]

통 나 무

목 차

老子道德經上篇

방송문화의 한 전기를 위하여

　요즈음 내 마음은 백담의 푸른 물처럼 맑다. 세상 일을 다 놓아버려 집착하는 것이 별로 없기 때문이다. 환자도 보지 않고, 대학강단에 서지도 않고, 외유도 삼가고 오로지 집안구석에 쑤셔박혀 사랑하는 책들을 벗삼아 이리뒹굴 저리뒹굴, 인간의 생각의 여로를 탐색하는 재미로만 하루하루를 보내고 있기 때문이다. 이렇게 살 수 있는 삶은 물론 나 자신의 어려운 노력으로 얻은 것이기는 하지만, 하여튼 고맙기 이를 데 없고, 또 송구스러운 느낌도 든다.

　이렇게 한가로운 시간에 내가 할 수 있는 일은, 끊임없이 하고 싶은 공부를 하는 것과, 공부를 하는 과정에서 생겨나는 내 자신의 새로운 생각을 글로 옮기는 것이다. 그런데 글로 옮긴다 하는 것이 결코 쉬운 일만은 아니다.

첫째로, 요즈음은 남의 생각을 열심히 나열하는 그런 짓에는 별 취미가 없다. 어릴 때는 그런 과정을 통해 배우기도 하고 생각을 정리도 하는 즐거움이 있었지만, 지금은 참 내 생각이 아니면, 이다지도 정보가 소통되어 있는 세상에, 어디엔가 다 쓰여져 있을 법한 얘기들을 반복하는데 내 정력을 허비할 필요가 있겠느냐 하는 생각이 드는 것이다. 그러나 그런 만큼 정직한 내 생각이라는 것은 글로 옮길 수 있을 만큼 모양을 잡기가 어려운 것이다.

둘째로, 아무리 내 생각이 모양이 잡혔다 하드래도 그러한 창조적 아이디어를 글로 쓴다 하는 것은 그 나름대로 하나의 거대한 예술품을 완성하는 과정과도 같아 잔손이 많이 가고 그것에만 전념할 수 있는 시간이 통째로 필요한 것이다. 건물을 하나 잘 지으려해도 그 건물 하나를 짓는데만 십여년의 세월을 건축가나 공인들이 전념하는 상황은 흔히 있는 일이다. 하물며 철학적 건축물을 하나 짓는데 십여년의 전념할 수 있는 세월이 통째로 필요하다는 것은 너무도 당연한 일이 아니겠는가? 그런데 현대인들에게는 이렇게 통째로 철저히 "놀 수 있는" 시간이 주어지지 않는다. 나 역시 겨우 한 두해 놀았는데, 이 정도로는 사상가 내음새를 피우기에는 텍도 없다는 생각이 들었다. 호주머니 사정도 생각안할 수 없다. 이상과 현실사이를 오락가락하는 비좁은 삶의 틈새의 비효율성을 한탄하면서, 하염없이 순식간에 흘러가 버리는 시간을 발동동 구르며 안타까워 하자니…….

그러던 어느 날 따르르릉 무정재의 전화벨이 요란하게 울렸다.

"저희 방송사에서는 요번 밀레니엄 전환기를 맞이하여 좀 사려깊은 기획을 하나 했습니다 ……"

무슨 부탁이든지 무조건 거절하기로 악명이 드높은 나, 사실 거절의 미덕을 성공적으로 발휘 못하면 이 소란한 자본주의 세상에서는 도저히 "놀 수"있는 시간을 획득하기란 불가능한 것이다. 전화를 거시는 피디님의 목소리는 애초부터 절망에 가까운 떨림이었다. 나 도올의 악명을 이미 익히 탐지하신 훌륭한 분이셨던 것 같다. 그런데 궁합이란 참 묘한 것이다. 그렇게 까다롭게 선을 많이 보아도 어그러지기만 하는 혼사가 될려면 순식간에 짝, 우아한 웨딩마치가 울려퍼지는 것이다.

"알기쉬운 고전강의라구요? ……"

나는 순식간에 까다로운 요청 몇가지를 했다. 그런데 상대방 측에서는 내가 응해주기만 한다면 그러한 조건을 다 수용하도록 최선의 노력을 경주하겠다는 신실한 자세를 보여주었다. 기철학의 대작을 쓰는 대공사계획이 차질이 생겨 우울하던 차에 이 방송사의 제안은 순간 나에게 새로운 삶의 젊은 의욕을 소생시키는 계기가 될 수도 있겠다는 희망찬 전율이 나의 맥박을 고동치는 것이었다.

이미 저승의 객이 되어버린 한창기선생께서 나에게 성북동 한옥처마끝 툇마루에 앉아 문득 던진 한마디가 생각난다.

"오늘 왜 우리 조선의 역사가 요 모양 요 꼴이 된 줄 아시오? 일제식민지의 비극일 것 같소? 몰지각한 좌·우이념의 투쟁일 것 같소? 정신못차리는 정객들의 부패와 우롱때문일 것 같소? 안일한 학자들의 ……"

한참 동안 열변을 토하시던 끝에 단도직입적으로 내뱉은 한마디 ! 내 평생 두고두고 생각해봐도 일리가 있는 명언이었다.

"테레비때문이오 ! 테레비 ! 테레비만 안 생겨났더라도 우리 민족이 이토록 타락하지는 않았을 게요. 인류는 앞으로 이 테레비 때문에 패망할 것이오 ! "

당시 나는 이 퉁명스러운 이 한마디를 잘 이해하지 못했다. 그런데 살다보니까, 이세상 저세상 다 돌아다니면서 생각해 보니 한창기선생의 그 한마디는 두고두고 생각해 볼만한 명언이었다.

해방이후의 우리사회의 본질적으로 부정적인 변화의 상당부분이 우리 삶의 공간으로 테레비라는 괴물이 진입함으로써 생겨난 사태임을 부정하기 어렵다는 생각이 드는 것이다. 테레비만 생겨나지 않았더라도……, 분명 이 테제는 클레오파트라의 코보다도 더 불가능한 전제임이 틀림없지만, 테레비라는 괴물이 산출한 문화의 양태는 현실적인 우리의 삶 그 전체라 해도 과언이 아닐 것이다.

우리 옛말에 호랑이를 잡으려면 호랑이 굴로 들어가라는 격언이 있다. 막상 잘 생각해 보면 이것은 참 무지막지한 말이다. 맨손으로 호랑이 굴에 들어가 봐야 호랑이에게 멕힐 것은 뻔한 이치다. 그런데 왜 이런 말이 생겨났을까? 이 속담은 곧, 테레비가 인류를 패망시킬 정도로 막강한 힘을 소유하고 있다고 한다면, 그것을 막는 힘도 테레비 자체로부터 우러나올 수밖에 없다는 것을 은유하고 있는 말은 아닐까? 테레비의 막강한 힘이 반지성적이고 반도덕적이라고 한다면, 지성과 도덕이 바로 테레비라는 호랑이 굴로 진입할 수밖에 없다고 하는 아이러니를 은유하고 있는 것은 아닐까? 이러한 진입이 성공하면 테레비는 건강을 되찾고 그 사회 또한 건강을 되찾겠지만, 그렇지 못하면, 테레비는 호랑이보다도 더 흉폭한 광란의 위력을 계속 발휘할 것이 틀림이 없다.

사실 테레비는 이미 어떤 "물건"이나, 소유의 대상이 될 수 있는 "실체"가 아니다. 그것은 이미 나로부터 객관화되고 타자화될 수 없는 "사회"다. 내가 내가 살고 있는 사회로부터 유리될 수 없듯이, 나 또한 테레비라는 사회로부터 유리될 수 없다. KBS나 MBC, 이런 괴물들이 이미 어떤 한 개의 권력중심이 소유하고 콘트롤할 수 있는 실체가 아닌 것이다. 그것은 수 없는 관계망에 의하여 얽혀있는 거대한 사회며 그 사회는 곧 우리가 살고 있는 사회의 모습인 것이다.

그러나 모든 사회는 역사를 지니고 있고, 또 그 시간 속에서 자기동일적 성격의 변화를 수반한다. 사회 즉 관계그물이라고 해서 그것이 손을 댈 수 없는 성역이라든가, 방치될 수밖에 없는 자동기계라는 말은 성립할 수 없다. 그 창조적 변화의 계기는 그 사회를 구성하고 있는 우리자신이 개척해나갈 수밖에 없는 것이다.

내가 생각하기에 한국사회의 문제는 정치만의 문제도 아니요,

교육만의 문제도 아니요, 경제만의 문제도 아니다. 한국사회의 가장 큰 문제는 바로 매스컴 전반의 문제와 관련되어 있으며, 더 중요한 문제는 이 매스컴의 창조적 계기를 만들어갈 수 있는 도덕적 구심체가 부재하다는 사실이다.

이러한 문제를 개선하는 제1의 관건은 테레비 프로그램을 만드는 당사자인 피디와 피디를 지원하는 모든 협업체계의 "인식의 변화"다. 인식의 변화라는 것은 프로그램을 제작하는 방법과 과정과 목표에 대한 자유로운 인식의 지평을 말하는 것이다. 다시 말해서 프로그램에 대한 생각 그 자체가 어떤 고정의 틀이나 선입견에 얽매여 있지 않은 것을 일컫는 것이다.

그런데 제작 당사자들의 인식이 고정적 틀에 얽매어 있게 되는 가장 중요한 현실적 이유가 바로 "시청률"이라는 문제인 것이다. 영화가 크게 흥행이 된다고 해서 반드시 명화는 아니다. 그렇다고 흥행이 안되는 영화일수록 명화라는 논리 또한 성립될 수가 없다. 진정한 명화라고 한다면 대개 어느 정도의 흥행성 또한 확보되는 것이 대체적 상리(常理)일 것이다. 그렇다면 명화란 무엇인가? 명작은 어떻게 해서 태어나는 것일까?

여기 본질적인 "영상론"을 논구할 자리는 아닌 것 같다. 단지 흥행만을 목표로 해서 영화를 만든다든가, 단지 시청률을 높이기 위해 테레비 프로그램을 제작한다든가 하는 것은 결코 바람 직하지 않다는 결론을 확인하는 것으로 우리의 논의를 끝내야 할 것 같다. 시청률경쟁의 궁극적 선(善)은 결국 보다 많은 사람 을 테레비 앞에 앉히는 것이 좋은 것이라는 가치관을 전제로 하 고 있다. 한번 생각해보자! 보다 많은 사람이 테레비 앞에 앉 어 있는 사회일수록 좋고 건강한 사회일까? 그 사회의 성원이 바쁘게 자기 일하면서 활동하느라고 테레비 볼 시간도 없는 사 회가 좋은 사회일까? 일 안하고 운동 안하고 넋없이 테레비 앞 에 많은 사람들이 매달려 있는 사회가 좋은 사회일까? 어느 것 이 더 우리의 건강한 모습일까?

나는 사회 전반적으로 테레비 시청률이 내려가는 편이 좋은 사회일 것이라고 생각한다. 그러나 이러한 나의 생각은 현실과 무관한 하나의 유토피아적 꿈이다. 그러나 현실적으로 나의 이 러한 꿈은 매우 중요한 의미를 갖는다. 시청률을 내리기 위해서 는 많은 돈이 필요하다는 역설을 다시 한번 상기할 필요가 있다.

한 국가의 운영에 있어서 그 문화정책이 중요하다는 것은 새 삼 부언할 필요가 없다. 그런데 문화정책의 가장 비중있는 섹터 로서 우리는 교육정책을 꼽는다. 물론 교육이 제대로 되어야 그 나라의 미래가 확보된다는 것은 두말할 나위가 없다. 十年之計 는 樹木(나무를 심음)에 있고 百年之計는 樹人(사람을 심음)에 있다는 옛말 그대로 일 것이다. 그러나 우리나라 교육정책의 가장 고질적 병폐는 지나친 "간섭"에 내재한다. 초등·중·고등 (primary and secondary education)학교 교육까지는 국가의 간섭이 필요할 수밖에 없다. 국가의 대계의 플랜을 잡는데 긍정적으로든, 부정적으로든, 교육에 관한 국가의 개입이 배제된다면 그 사회는 유기적 균형성이 완전히 깨질 우려가 있기 때문이다. 그러나 최소한 대학교육은 거의 완벽하게 국가의 손에서 해방되어야 한다. 대학교육은 그 나름대로의 법칙이나 자유경쟁의 사회체제에 의하여 자연스럽게 운영되도록 방치되어야 하는 것이다. 대학이야말로 사학이 관학을 리드해야 하며, 사학은 국가제도의 통제권 상위의 도덕성에 의하여 자율적으로 운영되어야 하는 것이다. 국가의 개입이 어느 상황에서든지 긍정적 효과보다는 부정적 효과만을 잉태시켜 온 것을 우리는 잘 알고 있다. "브레인 코리아"와 같은 발상 그 자체가 근원적으로 대학의 성격 자체를 잘못 이해한데서 출발한 발상인 것이다.

나는 이런 생각을 해본다. "브레인 코리아"에 투입할 돈을 그 일부만 건전한 테레비문화에 투입한다면, 아마도 브레인 코리아를 통해 소기했던 문화정책의 몇배의 효과를 달성할 수 있을 것이다 라고. 어차피 국민을 교육시킬 수 있는 매체로서 국가정책의 효율성의 증대를 기대할 수 있는 것으로 테레비만큼 강력하고 효율적인 매체는 없다. 이것은 우리가 살고 있는 문명의 현실이다. "시청률"경쟁으로 테레비 프로그램이 날로 날로 천박해지고 감각적으로 흘러가고, 또 국민의 감성구조 자체가 그러한 방향으로 같이 흘러가서 악순환의 상보적 싸이클을 형성하는 이러한 비극적 상황을 막기 위해서는, 국가의 개입방식이 테레비를 "시청률경쟁"에서 해방시켜주는 방향으로 이루어져야 한다는 것이다. 다시 말해서 테레비 프로그램의 질을 높이고 상대적으로 테레비 시청률을 낮추어가는 방향으로 大勢를 잡아야만 그 사회가 건강해질 수 있다는 것이다. "브레인 코리아"와 같은 발상은 애초에 대학을 대상으로 할 것이 아니라 방송프로그램을 대상으로 했어야 했던 프로그램이었다. 대학은 이미 국가의 통제의 대상이 아니다. 그리고 그것은 돈을 더 퍼넣는다고 더 아웃푸트가 생겨나는 그러한 자본주의적 체제가 아니다. 교육은 철저히 비자본주의적 "원칙"에 의해서 운영되어야 하는 것이다. 그러나 테레비는 통제·조절의 대상이 될 수 있으며, 또 자본주의적 체제속의 한 매카니즘으로 이해될 수 있는 것이다.

다큐멘타리를 아무리 잘 만들어야 시청률 5% 이상을 기대하기 어렵다. 그러나 연속방송극은 가볍게 만들어도 시청률 5%는 훌떡 넘어간다. 그런데 좋은 다큐멘타리를 만들려면 동일한 방영시간을 기준으로 계산하면 제작비가 연속방송극의 100배가 넘을 수도 있다. 그럼 현실적으로 다큐멘타리 제작 피디가 100배의 경제적 지원을 받을 수 있는 길이 있는가? 바로 이러한 질문에 선진국의 관계자들은 고개를 끄덕일 수 있으나, 우리나라의 피디들은 고개를 설레설레 저을 수밖에 없다는데 바로 우리 방송문화의 고질적 병폐의 한 근원적 요소가 내재하는 것이다. 우리나라는 건전한 방송 펀드가 턱없이 부족하며, 일본에서 쥐꼬리만큼 주는 펀드광고라도 나면 컴피티션에 열을 올려야 하는 실정인 것이다.

나는 82년 가을 기나긴 유학의 여정을 마치고 귀국한 이래, 한국의 방송계와 끊임없는 애·증의 관계를 유지해왔다. 국민들의 많은 사람들이 내가 테레비에 많이 나온 사람으로 인식하는 상황에 흔히 부닥치게 되는데, 사실 나는 내 이름의 인지도에 비한다면 테레비에 그 모습을 나타낸 사례가 극소한 인물이다. 정식적인 프로그램에 나간 것이 근 20년 동안 단 두차례 밖에는 없다. 그 한번이 94년 3월, "MBC 이야기쇼 만남"에 "공부란 무엇인가?"라는 주제의 강의로 2회 나간 사건이고, 또 한번이 97년 5월 24일부터 6회에 걸쳐 나간, SBS 명의 특강이었다.

나는 테레비에 나가기를 싫어하는 그런 성스러운 사람이 아니다. 나는 테레비에 나가기를 좋아한다. 나는 인생을 적극적으로 산다. 많은 것을 체험하고 싶어하고, 내가 가진 것이 있으면 많은 사람에게 나누어주고 싶어한다. 대학에서 4·50명 놓고 강의하는데 피땀흘리는 정열을 소비하느니, 그 열정과 에너지를 테레비영상을 통해 전 국민과 공유할 수 있다고 한다면 얼마나 기쁠 것인가? 귀국직후부터 나는 방송사에 나의 고전강의를 꾸준히 건의해왔던 것이다. 그러나 나의 이러한 계획은 항상 좌절되었다.

그 첫째 이유는, 윗사람들이 보시기에 김용옥은 항상 불안한 데가 있다는 것이다. 말을 너무 直하게 하여 좀 곤란한 상황을 발생시킬 소지가 항상 있다는 것이다. 이 점, 나도 물론 시인하고 그분들의 걱정 또한 이해가 가는 것이다. 근본적인 문제를 생각하는 사람들의 생애에 공통적으로 닥치는 시련의 상황일 것이다. 그러나 사실 이러한 문제는 상호대화를 통해 얼마든지 조정할 수 있고 표현을 아름답게 다듬음으로써 문제의 소지를 없앨 수도 있는 것이다. 가장 본질적인 이유는, 내가 제안하는 프로그램들의 파격성이나, 기존의 안일한 궤도와의 마찰을 일으킬 수도 있는 새로운 요소들을 수용하기를 두려워하는 관성의 체계에 있는 것이다. 즉 "인식의 변화"를 수용하기가 두려운 것이다.

나는 테레비에 나가고 싶었다. 그러나 한국의 테레비 방송사들은 내가 설 자리를 마련해 주질 않았다. 천하의 正位가 아니면 立하지 아니하고, 천하의 廣居가 아니면 居하지 아니하고, 천하의 大道가 아니면 行하지 아니하는 것은 선비가 지켜야 할 기본약속이다. 뜻을 얻으면 모든 사람과 더불어 道를 행하고 뜻을 얻지 못하면 홀로 道를 행하는 것은 선비의 삶의 기본자세이다. 내 어찌 구구이 사람앞에 서기를 희구하리오?

요번 EBS 밀레니엄특강 고전강의는 내가 원하는 프로그램의 형태로 방송사에 수용된 최초의 전기이다. 내가 하고 싶은 강의가 테레비 영상을 통해 국민에게 널리 다가가는 최초의 계기가 EBS 교육방송을 통해 이루어졌다는 이 역사적 사실에 대해 나는 무한한 자부감을 느낀다.

첫째, 나는 우리나라 방송문화의 개선을 위하여 "인식의 변화"의 계기를 마련할 수 있는 기회가 교육방송을 통해 이루어질 수 있다고 한다면, 그것은 퍽으나 다행스러운 일이라고 생각한다. 왜냐하면 한 나라의 문화의 수준은 단순한 상업성을 뛰어넘는, 그러한 전제로서 운영되지 않는 체계가 바르게 작동될 때만 그 꾸준한 기준이 확보될 수 있기 때문이다. 이것은 곧 EBS 교육방송 자체의 인식의 변화와 또 EBS 교육방송을 바라보는 국민들의 인식의 변화를 의미하는 것이다. 교육방송이 훌륭하고 인기있는 방송으로 재인식될 때 우리나라의 방송문화 전반의 개선의 가능성이 엿보일 수도 있다는 것이다.

둘째, EBS 교육방송이 새로운 지평을 열음으로써 기타 방송사의 사람들에게 프로그램을 인식하는 태도의 변화나, 국민의 표현되지 않은 숨은 열망을 재인식하는 계기가 되었으면 하는 바램을 나는 가지고 있는 것이다.

셋째, 이러한 모든 가능성에 대한 바램은 오로지 냉혹한 현실적 판단 위에서 이루어질 수밖에 없을 것이다. 현실적 여건의 변화가 전무한 상황이기 때문이다. 따라서 나의 목표는 시청률의 저하가 아닌 시청률의 제고라고 하는 매우 이율배반적인 현실적 인식이다. 나의 지상의 목표는, 철학은 매우 쉬운 것이며, 재미있는 것이며, 아름다운 것이라는 것을 모든 사람에게 인식시키는 것이다. 특히 동양고전의 강의가 현금 테레비 영상에서 최고의 인기를 누리고 있는 코메디안들의 쇼프로 보다도 더 재미있을 수 있다는 것을 입증하는 것이다.

그리고 마지막으로, 강의라는 것은 그것 자체로 고도의 지적인 엔터테인먼트의 예술이라는 것을 우리나라의 많은 지식인들에게 보여주고 싶다. 내가 알고 있는 지식이 내 머리속에서만 우물쭈물 맴돌고 있으면 아무 소용이 없는 것이다. 그것을 아주 정직하고 단순하게 보다 많은 사람과 소통시키는 것은 나의 지식과는 별도의 또 하나의 고도의 예술이라는 것이다. 내가 알고 있는 지식을 충실히 나열하는 것으로 명강의가 될 수는 없는 것이다. 강의의 본질은 지식의 전달이 아니라, 나의 실존적 깨달음의 전달이다. 우리나라 대학이 지식의 증대가 분명함에도 불구하고 점점 미궁속으로 빠져들어가고 있는 상황은 바로 교수님들이 지식을 생활화하고 예술화시키지 못하는 데 그 가장 근원적 까닭이 있는 것이다. 나의 교육방송강연을 계기로, 나를 뛰어넘는 많은 훌륭한 강의자들이 바톤을 이어주기를 갈망하는 것이다.

21세기의 3대 과제

  지난 주 오스트랄리아 시드니에 다녀왔다. 세계 디자이너들의(ICSID, ICOGRADA, IFI 3단체) 총회가 열리는데, 나보고 주제 강연을 하나 해 달라는 것이었다. 올 여름에 IFI(International Federation of Interior Architects/Designers) 워크숍이 서울에서 열렸다. 내가 디자인에 대해서 뭘 알까마는 우연한 기회에 주제강연을 간곡히 부탁하길래, "흙, 건강, 디자인"(Soil, Health, Design)이라는 제목으로 발표를 했다. 국제회의가 되어 놓고 보니, 영어를 제대로 할 줄 알면서도 좀 토속적인 냄새가 나는 사람을 고르다보니까 나같은 사람이 적격이라는 생각이 드는지, 하여튼 요즈음은 그런 청탁이 적지 않다. 그런데 나 자신 또한 디자인에 대해 관심이 없는 것도 아니다. 눈뜨고 보는 것이 다 디자인이요, 내가 사는 집부터 입는 옷부터 이 글을 쓰고 있는 만년필까지 모두 다 디자인이니, 디자인에 대해 관심이 없다는 것도 말이 안된다.

그런데 많은 젊은이들이 디자인하면 무슨 밖에 있는 물건의 모양을 만드는 것으로 생각하고, 기껏해야 나 밖에 있는 空間을 칸막아 처리하는 것으로 생각한다. 그런데 우리 동양사상으로 말하자면 물건(things)은 존재하지 않는다. 그것은 氣의 집적태며 불교식으로 말하자면 無我, 즉 자기동일성을 지니는 실체성(我)이 없는 것이다. 따라서 無我의 "것"들을 디자인한다는 것은 말이 되지 않는다. 디자인이란 궁극적으로 나의 생각의 디자인이다. 나의 생각의 디자인이라는 것은 결국 내가 세계를 인식하는 인식의 디자인인 것이다. 자기 머리속은 생각하지도 않으면서 컴퓨터 화면만을 들여다보고 앉아있는 디자이너들이 좀 한심하다는 생각이 드는 것이다. 디자인의 철학적 기초라고 생각하는 시간·공간도 궁극적으로 존재하는 것이 아닌 것이다. 그렇다면 디자인이란 무엇인가? 하여튼 이런 복잡한 얘기들을 쉽게 풀어 주섬주섬 두어 시간 얘기를 했다. 그랬더니 그것을 들은 외국사람들이 내 강의가 너무 좋아 자기들만 듣기가 아깝다고 세계인들이 모인 총회자리에서 한번 다시 해달라는 것이다. 서양사람들은 좋은 것은 그냥 있는 그대로 좋다고 받아들이는 미덕은 확실히 우리보다 더 있는 것 같다. 요즈음 시간이 워낙 모자라 외유를 한다는 것이 무리였지만, 세계의 美港으로 꼽히는 시드니에, 아니, 이색적인 또 하나의 남반구 대륙구경을 한번도 한 적이 없기에, 초청을 수락했다. 그러나 사실 속 마음으로는 좀 켕기는 구석도 있었다. 외국학회에 나가 일개의 학인으로서 내 논문발표하는 것은 해본 짓이지만, 세계인들이 이목을 집중하는 자리에서 대접받는 지도자의 모습으로 권위있는 연설을 한다는 것이, 한국말이라면 별 문제가 없겠지만, 아무래도 걱정이 되었다. 나는 당당히 2시간의 강연시간을 내놓으라고 호통을 쳤지만, 과연 영어로 세계각국의 청중들을 그 장시간동안 사로잡을 수 있을까? 하여튼 안해본 짓이래서 미지수의 부정적 결과를 고려안할 수도 없었다. 말문이 확 막히면 어떻허나? 영어단어가 생각안나 떠듬거리면 어떻허나? 나라망신? 개망신? 평생을 외국어와 더불어 살아왔지만 아직도 외국어의 부담은 사라지지 않는다. 영어를 깊게 알수록 영어에 대한 절망감은 깊어져만 간다. 제기랄 내가 언제 이따위 고민하고 산 적 있나? 하여튼 단 위에 올라서서 생각하자!

우리나라 세종문화회관 규모보다도 훨씬 더 큰 시드니 컨벤션 센터 전체를 빌려 행하여진 요번 총회의 회의실에서 나의 목소리는 울려 퍼졌다. 두시간 동안 미동도 없었다. 기침소리 하나들을 수 없었다. 오직 낭낭한 나의 목소리만 울려 퍼졌을 뿐이다. 내가 생각해도 신기하게 영어가 잘 되었다. 아니 영어를 잘 했다기 보다는, 단 위에 올라선 후 순식간에 나는 내가 외국어로 나 자신을 표현하고 있다는 생각을 까맣게 잊어버렸다. 마지막, "인 생이란 걸어가는 그림자, …인생이란 바보가 지껄이는 이야 기…" 맥배드의 독백을 끝으로 강의를 마쳤을 때, 모든 사람이 한둘씩 일어나기 시작했다. 곧 전 강의장이 기립박수의 열기속 에 휩싸이고 말았던 것이다.

말레이지아·싱가포르·인도 등지의 사람들도 나에게 달려와 서 나의 강연이 동양인들의 프라이드를 높여주었다고 꼭 성자를 대하듯이 고꾸라지듯 절을 했다. 어느 임신한 오스트랄리아 여 인은 뱃속의 아기가 감동을 받아 두시간 동안 계속 자기 배를 찼다구 죠크를 했다. 그리고 나와 사진을 찍으려고 사람들의 행 렬이 길게 이어졌다. 하여튼 요번 여행은 강연의 성공으로 유쾌 한 여행이 되었다.

내가 도착하자마자 그곳 오스트랄리아 시드니 동포들은 그들 나름대로 내 강연을 요청했다. 마침 그곳 현지의 교민언론연합 체가 결성되어 있어서, 그 언론인협회 주최로 내 강연을 열겠다 는 것이다(株 로바나, 株 개미스 후원). 그런데 문제가 있었다. 내가 시드니에 도착한 것은 수요일 아침, 내가 떠나기로 되어있는 것 은 일요일 밤이니까, 토요일 저녁밖에는 교민들이 모일 챈스가 없다. 그런데 그곳 우리 신문들이 대개 주말에 한번 나오는데,

토요일 아침에나 받아보게 되리라는 것이다. 미국과 달리 테레비·라디오 등의 채널도 확보되어 있지 않다. 더구나 요번 주말이 노동절 롱 위크앤드라는 것이다. 그리고 아직 시드니 교포사회가 역사가 짧고, 이런 사상강연같은 것은 전례가 없어, 몇 명이나 모일지 미지수라는 것이다. 부리나케 광고를 해도 삼사십 명 정도 올 것으로 예상을 해두는 것이 속 편할 것이라는 얘기였다. 그래도 최대규모로 잡아서 한 200명 예상하고 준비를 하겠다는 것이었다. 나는 한명이 와 들어도 상관없다 했고, 수요일 저녁 그곳 현지 언론사 기자님들과 인터뷰를 했다.

10월 2일 오후 7시, 버우드여자고등학교(Burwood Girl's Highschool) 강당 ! 아내와 내가 탄 차가 어둑어둑한 수풀길을 지나가는데 꼭 개화기에 선교사집회에 몰래 몰래 사람들이 고깔을 뒤집어쓰고 몰려드는 듯, 한 두사람씩 강당 앞길로 물밀듯이 모여들고 있었다. 매우 허름한 강당이었다. 강당문을 열고 들어섰을 때 우리는 모두 얼얼한 충격에 휩싸일 수밖에 없었다. 그 날 모여든 사람들이 500여명, 시드니 교민史上 최대의 인파를 기록했다. 그리고 내 싸인을 받으려고 자기들이 집에 소장하고 있는 나의 책을 가지고 나와서 줄을 선 모습이 장사진을 치고 있는 것이 아닌가? 하나의 저술가로서, 하나의 사상가로서, 생애에 이 이상의 기쁨이 어디 있으랴 !

이날 나는 세시간 십분 동안 열변을 토했다. 이날 강연은 무아의 열정 그 자체였다. 강의가 끝났을 때 속옷부터 겉 두루마기까지 완전히 땀이 흠뻑 젖어 있었다. 기진맥진해서 곧바로 호텔로 돌아왔을 땐 오한이 났고 목구멍에서는 피가래가 끓었다. 그래도 유감이 없었고, 오랜만에 삶의 희열같은 것을 느낄 수 있었다. 늘씬하게 깊은 잠을 잤다. 내가 여기 21세기 인류의 3대 과제 운운하는 것은 바로 시드니에서 처음 說한 것이다. 그날 시드니강연의 주제가 바로 이 3대 과제를 놓고 전개된 것이다. 나는 미래학 운운하는 학자도 아니요, 뭐 대단한 예언가도 아니다. 내가 말하는 것은 우리일상의 지극히 상식적인 통념일 뿐이다. 나는 3대 과제로 다음의 세가지 화해를 들었다. 그 첫째가 인간과 자연환경의 화해(the Harmony between Man and his Environment)요, 그 둘째가 종교와 종교간의 화해(the Harmony between Religions)요, 그 셋째가 지식과 삶의 화해(the Harmony between Knowledge and Life)다. 이것이야말로 곧 우리가 『老子』를 이해하는데 핵심적인 문제의식을 형성하는 것이다.

1. 인간과 자연환경의 화해

수년전의 일이다. 아프리카대륙과의 최초의 해후! 내가 탄 헬리콥타가 탕가니카 호수 북단의 호반의 푸른 초원에 내렸다. 내가 탄 헬리콥타가 검은 대륙에 착지하려고 접근을 시도할 때, 주변 동네의 어린아이들이 손을 흔들며 뛰어오는 모습이 어른거렸다. 바스라질 듯 해맑은 대기, 바다보다도 더 큰 호수, 호수를 병풍친 밋밋하면서도 웅장한 산맥의 준령, 이 모든 것이 작열하는 태양빛 아래 광채를 발하고 있었다. 그런데 나에게 문화충격이랄까, 삶의 환희라고 해야할까, 생명의 약동이랄까, 강렬하게 다가오는 것은 무엇보다도 내 주변에 바글거리는 까만 아동들의 얼굴이었다. 김서린 새벽 호면을 박차고 튀어 오르는 물고기들의 강렬한 몸짓보다도 더 투명한 빛을 발하는 그들 까아만 얼굴의 질점 하나 하나가 모두 인간의 태고적 발랄함과 원초적 순결성을 말해주고 있었다. 그것은 미대륙에서 경험하는 아메리칸 블랙들의 얼굴과는 전혀 다른, 도저히 언어로 형용할 수 없는 강렬한 생명의 발출이었다. 쵸코렡트를 던져주는 덩치 큰 깜둥이 지아이 아저씨들 트럭꽁무니를 열심히 뛰어다녔던 나의 추억이 바로 엊그제 같은데……, 카사바 베이 대통령 별장을 방문한 국빈이 되어 짙은 초록색 풀밭배경과 앙상블을 이루는 흑인 아동들의 얼굴에 열심히 카메라 셔터를 누르고 있었다.

아이들에게 사탕을 나눠주며 그들과 곧 친하게 되었다. 그리곤 그들의 손에 이끌리어 바로 옆에 있는 흑인마을을 방문할 기회를 얻었다. 마을이라고 해봤자 별로 크지도 않은 운동장만한 황토벌 위에, 여인들이 물동이를 이고 모여드는 샘 펌프가 하나 한 가운데 놓여 있고 그 주변으로 초가지붕의 아주 단순한 원통 모양의 막사들이 한 열 대여섯개 무질서하게 늘어져 있는 모습 이었다.

　그 황토 벽돌로 쌓아올린 원통모양의 담의 직경이래야 한 4·5메타될까? 그 지붕은 삿갓 모양으로 풀잎들이 이어져 있고, 그 위에는 호수에서 잡은 고기들을 건조하기 위해 척척 널려놓았다. 대문에 해당되는 네모난 구멍은 거적대기 같은 것이 드리워져 있었고 그 안으로 들어가 보니 가운데 직경의 3분의 2정도 만큼 으로 하나의 사람키만한 칸막이 담이 처져 있었고 그 담 안쪽으 로 나무 평상같은 것이 하나 놓여 있었다. 그것이 전부였다. 부 엌시설은 따로 없고, 큰 깡통 안쪽을 진흙으로 이겨 만든 화덕같 은 것 하나, 그것이 취사시설의 전부였다. 빵은 배급받고, 그 깡 통에 숯불 피워 지붕에 있는 건어물을 기름에 볶아 빵에 찍어 먹 는 모양이었다. 잠은 그 평상 위에서 한 식구가 모두 같이 담요 한장 덮고 자는 모양이었다. 그것이 그나마 대통령관저 옆에서 보호를 받는, 그래도 제대로 된 한 모범적 마을의 모습이었다. 원시라든가, 빈곤이라든가, 미개라든가, 하는 말을 떠올리기 전 에 나에게 충격을 준 사실은 인간의 삶의 양태의 단순성 (Simplicity)이었다. 인간은 이렇게도 단순하게 살 수 있다는 사 실, 그리고 그러한 삶이 문명의 어느 구석에서도 체험할 수 없는,

발랄하게 약동치는 아동들의 모습을 연출해내고 있다는 사실은 참으로 충격이었던 것이다.

　나는 순간 나 자신의 리얼한 삶의 모습을 회상해보았다. 내가 어렸을 때만 해도, 대부분 국민학교를 다녔지만, 저 동구밖 눈들에 있는 서당에 다니는 아이들도 있던 그런 시절이었다. 그 당시 대부분의 서민들이 살고 있던 초가집 단칸방의 모습은 내가 지금 목격하고 있는 아프리카초원의 가옥과 별 차이가 없었다. 우리는 겨울이라는 풍토때문에 벽이 두껍고 부뚜막 부엌이 따로 있었을 뿐이다. 그때만 해도 세멘트는 구경하기 어려웠다. 따라서 아낙들의 최고의 꿈은 솥이 걸린 황토 부뚜막이 먼지가 안나는 세멘으로 덮이는 것이었다. 그들은 기름 때를 묻혀 부뚜막의 흙을 굳혔지만, 그것도 몇년 지나면 다시 만들고 다시 만들고 해야만 했다. 수수깡 엮어 흙을 발라놓은 벽은 갈라져 구멍이 숭숭했고, 종이를 발랐어야 흙과 떠서 그 사이엔 검댕이가 끼어 있었다. 방바닥은 황토를 바른 위에 다시 바를 세멘트가 없으니까 장판을 해봤자 뜰 것이고, 아예 왕골자리나 삿자리를 깔았다. 겨울에 왕골자리 단칸방에 시커먼 광목 솜이불 하나 깔아놓으면, 요도 없이 그 밑으로 엄마·아버지·아기·메느리 할 것 없이 모두 부채살 모양으로 쑥쑥 들어가 잤다. 애기가 똥이라도 싸는 바엔 아무리 똥을 닦아내어 봤자 왕골 사이사이로 똥은 박히게 마련이다. 그것이 썩고 썩어 몇년을 지나게 되면 벽에 주렁주렁 매어놓은 메주냄새와 절묘한 하모니를 이루어 매쾌한 내음새를 스물네시간 발했다. 기절초풍 할 가관은 애기가 똥을 싸면 뒷마당으로 나있는 방문을 열어 강아지이름이라도 부르면 졸랑졸랑 방으로 들어온 강아지는 열심히 애기똥을 핥아먹고 나갔다. 그런데 이런 광경은 정말 우리시대에는 흔히 체험하는 상식적인 것이었다. 자연과 더불어 살았던 우리의 모습, 가끔 산토닌이라도 먹으면 똥구멍으로 삐질삐질 나오는 회충을 손으로 잡아 빼는 것은 물론, 가끔 아악 소리를 지르면 목구멍으로 지렁이같은 회가 한마리 요동을 치며 입안의 허공을 널름 거렸다. 저녁에 옷을 벗어 놓으면 엄마는 난닝구 이슴매 사이로 기어다니는 이를 잡느라 똑똑 거리고, 목양말은 매일 빵꾸가 나서 전기다마에 끼우고 기우느라 여인들은 손놀림을 쉴 수가 없었다. 아침이면 고운 참빗으로 머리에 낀 서캐를 긁어내느라 정신이 없고, 머리맡 윗목에 놓은 걸레는 꽁꽁 얼어붙어 있었다.

우리 어릴 때만 해도 우리 삶속에 전기라는 에너지가 거의 활용되지 않았다. 냉장고가 우리 삶에 진입한 것은 겨우 70년대였다. 서민들은 등잔불 속에서 살거나, 전기가 들어온다 해도, "보통"이니 "특선"이니 해서 하룻밤에도 전기가 수십번 나갔다. 왜 특선인데 이렇게 전기가 나가냐고 전기회사에 전화걸어 항상 호통치시던 아버지의 모습과 음성이 지금도 눈에 선하다. 극장에 가도 영화를 한번에 보는 예는 없었다. 꼭 전기가 나가기 때문에 영사기가 멈추었고 그럼 발전기를 돌려 다시 영사기를 돌려야 했다. 그러나 전기가 들어오면 발전기를 껐다가, 또 다시 전기가 나가게 되면 또 블랙아웃! 너무도 멀리 사라진 듯한 우리의 삶의 모습 이건만 이것은 불과 수십년전 우리 삶의 상식적 풍경들이었다.

내가 국민학교 5·6학년 때 비로소 형광등이라는 신기한 작 대기 전구가 선을 보이기 시작했고, 그 때쯤 전 읍내에 한 가구 정도 테레비라는 꿈같은 현실이 부잣집 안방을 장식하기 시작했 고 밤이면 온 동네사람들이 그곳으로 마실을 왔다.

간편한 볼펜도 중학교때나 등장하기 시작했고, 학교에선 아동 들 사이에는 누가 어떻게 연필을 더 예쁘게 깎느냐는 경기대회 가 매일 열리는 판이었다. 말만 듣던 수세식 변소의 존재는 온양 온천관광호텔에서나 확인할 수 있었고, 슈악 맴도는 변기의 소 용돌이가 도대체 어떻게 생길 수 있는지 너무도 희한한 광경을 바라본듯 감격스럽게 불알을 털럭이며 미소지어야 했다. 집안에 서 항상 더운물이 수도꼭지에서 나온다는 것은 상상할 수도 없 는 비현실이었다.

자아! 한번 생각해보자! 바로 몇년전의 우리의 삶의 모습 으로 한번 되돌아가 보자! 정확하게 지금으로부터 한 사오십년 전까지만 해도 우리 삶의 기본 양식이나 보편적 주거환경이, 고 조선시대의 사람들의 주거방식이나 삶의 양식과 거의 차이가 없다는 것을 발견한다. 단칸방짜리 온돌방식의 가옥구조가 우리인 간의 문명의 세기 사천년동안 거의 변화없는 연속성을 과시하고 있다는 것이다. 40년전까지만 해도 우리의 삶은 4,000년전의 이 땅의 사람들의 삶과 별 차이가 없었다. 마르코 폴로가 목격한 중국문명의 찬란함은 당대의 서양의 문명에 비해 더 화려한 것 이었다. 이미 청자개와를 해올린 신라의 고도 서라벌 경주, 불국 사나 석굴암의 모습만 연상해도 그 웅장함과 단아한 문명의 아 취는 쉽게 그려볼 수 있다. 그러나 그 문명들은 결코 우리가 이 땅에서 한 40년 동안 자연을 착취한 방식으로 에너지를 사용하 지는 않았던 것이다. 즉 대중적인 인간 삶의 기본적인 연속성이 크게 흩트러진 적은 없다는 것이다. 그 연속성은 인간과 자연의 조화라는 화해의 연속성이었던 것이다.

20세기 인류사를 특징지우는 희대의 사건은 20세기를 통하여 기술(테크놀로지)과 과학(사이언스)이 본격적인 랑데뷰를 시도했 다는 사실이다. 많은 사람이 기술과 과학을 동일한 것으로 착각 하고 "기술과학"이니, "과학기술"이니 하고 무분별하게 말을 뭉 뚱그려 사용하지만, 과학과 기술은 개념적으로 확연한 구분이 있는 것이다.

기술이란 본시 삶의 예술(the art of living)의 모든 것을 지 칭한다. 즉 기술이란 살아가는 방편으로서 필요한 모든 예술 즉 기예(테크네)를 말하는 것이다. 까치가 휘엉청거리는 나뭇가지 끝에 태풍에도 견디는 견고한 집을 짓는 것은 분명 까치의 "기술"이다. 그런데 우리는 그것을 까치의 "과학"이라고 말하지는 않는다.

과학이란, 인간의 지식을 특징지우는 어떠한 측면이다. 과학이란 본시 기술과는 무관한 인간의 사변이성(Speculative Reason)의 산물인 것이다. 과학의 특징은 인간이 살고 있는 세계를 법칙적으로 파악하는 것이다. 이때 "법칙적"이라는 것은 대강 희랍인들에 의하여 "연역적"인 것으로 이해되었는데, 이 연역적인 인간의 사유의 방법의 대표적인 것이 바로 "수학"이라는 것이다. 더 이상 깊게 이야기는 하지 않겠는데, 이 과학이라는 것은 기술의 전제위에서 발생한 것이 아니다. 과학은 인간의 사변이 고도화되면서 생겨난 하나의 철학체계요, 지식체계와도 같은 것이다. 다시 말해서 원시인들이 토기를 굽는 것은 "기술"이다. 그러나 그들이 토기를 구울 때 과학이라는 연역적 전제를 꼭 필요로 하지는 않는다는 것이다. 그들은 흙과 불에 대한 과학적 일반이론을 전혀 몰랐을지라도, 놀랍게 훌륭한 토기를 구워내었다는 것이다.

이와 같이 인류의 역사에서 과학과 기술은 따로 따로 발전한 것이다. 기술의 역사, 그 정밀성과 고도성을 운운한다면, 아마도 중국문명이나 우리 한국문명이 훨씬 더 서양문명을 앞질렀을 것이다. 몇백년전만 거슬러 올라가도 이 지구상에서 도자기를 굽는 기술은 우리 조선의 기술이 세계 최고의 수준을 과시하고 있었다. 고려청자나 조선백자의 수준은 기술적 측면에서 분명 송자나 명대의 자기 수준을 훨씬 뛰어넘는 것이다. 그리고 당대 유럽은 1,300℃ 가까운 가마의 기술을 상상할 수도 없었다. 나의 최근의 희곡작품인 『그, 불』(1999년 6월 11일~29일, 동숭동 문예회관 대극장 초연)의 내용이 말해주듯이, 일본의 아리타 야키라든가 사쯔마 야키가 모두 정확하게 당대 일본에서는 상상도 할 수 없었던 우리나라의 고도의 불의 예술이 전수되어 발전한 것이다.

우리나라의 금속활자 활판인쇄술만 하더라도, 서양사람들이 아무리 구구한 이설을 내어도 소용없을 정도로, 명백하게 그 자체로서 당대의 최고・최초의 기술이라는 사실은 의심의 여지가 없다. 고려시대에 이미 성행했던 주자(鑄字) 인쇄는 차치하고서라도, 세종조의 갑인자(甲寅字) 같은 것을 가만히 들여다보고 있으면 도무지 그 아름다움에 도취하여 눈을 뗄 수가 없을 정도로 정치하고 단초로운 품위가 곳곳에 스며들어 있다. 우리나라 조선조의 목공예품을 보아도 그것은 디자인적으로나 크래프트맨십의 정밀성으로나 가히 세계 최고의 가품들이다. 그런데 이렇게 명백히 세계최고의 기술의 대국인 조선의 후손들의 나라인 대한민국은 왜 이다지도 기술의 시대에 뒤진 모습을 하고 있는가?

왜 테크놀로지에 있어서 조차 일본의 꽁무니도 따라가기 어려운 수준에 머물고 있는가? 바로 여기에 대답할 수 있는 결정적 열쇠가, "과학과 기술의 랑데뷰"라는 이 한마디에 있는 것이다. 우리가 자부하던 과거의 찬란한 기술은 곧 과학의 전제없이 이루어진 것이다. 그것은 삶의 방편으로 개발된 것이다. 그것은 삶의 예술이었던 것이다.

그러나 우리가 소위 개화를 통하여 경험해야만 했던 서양 콤플렉스는 바로, 과학과 기술이 본격적인 랑데뷰를 시작하여 구성한 새로운 문명에 대한 콤플렉스였던 것이다.

19세기초까지만 하더래도 동양과 서양은 소위 과학기술문명 전반에 있어서 그리 큰 차이를 보이는 문명의 양태들이 아니었다. 서양 역시 우리보다 앞선다 할 것이 별로 없는, 과학적으로, 의학적으로, 종교적으로 매우 미신적인 수준에 머물렀던 그런 문명이었다. 그런데 산업혁명이래 서양의 문명의 모습은 완전히 그 이전과는 다른 단절의 양상을 과시하기 시작했다. 기술속으로 과학이 진입하고, 또 과학속으로 기술이 진입하기 시작한 것이다.

어렸을 때 동네에 가끔 강냉이를 튀기는 아저씨가 오면 흥미진진하다. 쌀토락이나 강냉이나 누룽갱이 말린 것, 아무거나 갖다 주기만 하면 기다란 쇠통에 집어넣고 불위에 빙글빙글 돌리는 그 태연스러운 모습을 바라보는 것도 재미있지만, 한참을 지난 후 거대한 철망통을 씌우고, 으앗 ! 철통같이 닫힌 아구리를 지렛대로 후악 제치는 순간 ! 우리는 얼마나 간이 콩알만해져 가지고 고사리손으로 귀를 막고 몸을 옹크려야 했던가? 갑자기 구수한 냄새가 천지에 진동을 하고 망탱이 주변에 떨어진 강냉이라도 주어먹을 국물이 있을까 하고 몰려드는 어린아이들 ! 뻥 튀겨진 변모된 쌀보풀의 모습을 바라보는 우리 아기들의 눈은 경이와 호기심에 찬 그런 눈이었다.

과학과 기술의 랑데뷰 ! 이것은 순식간에 우리가 살고 있는 문명의 모습을 뻥 튀겨 놓았다. 이미 예전의 쌀토락이 아니고 예전의 누룽갱이가 아니다. 이것은 전혀 다른 차원의 노름인 것이다. 과학의 성과는 놀라운 기술의 진보를 가져왔다. 기술의 진보는 놀라웁게 우리의 과학적 사유의 영역을 넓혀갔다. 보이지 않던 것이 보이게 되고, 개발의 영역이 아니던 것이 마구 개발될 수 있게 되고, 인간사유의 대상조차 아니었던 것들이 마구 인간사유의 영역속으로 들어왔다. 공상이 마구 현실로 변모해갔던 것이다. 꿈이 현실로 된다는 것은 매우 즐거운 것이다. 매우 기쁜 것이다. 그러나 인류는 이 기쁨에 도취하여 매우 중요한 사실을 망각했다. 그들은 꿈 그 자체를 하나 둘 잃어가고 있었던 것이다. 꿈은 무한히 꿀 수 있는 것이라는 생각 그 자체가 하나의 망상이요, 인간의 능력에 대한 지나친 신뢰다. 꿈의 상실은 인간 그 자체의 도덕적 파멸인 것이다.

다시 한번 옛날로 돌아가 보자 ! 40년 전까지만 해도 우리의 일상적인 현실적 삶이 4,000년 전의 삶의 양태와 연속성을 과시하고 있었다는 그 사실은 바로, 40년 동안의 변화가 4,000년 동안의 연속성을 근원적으로 단절시켜 놓았다는 것을 의미한다. 4,000년 동안 유지해왔던 옥수수 알갱이가 불과 40년 동안에 예전의 모습으로 돌아갈 수 없는 전혀 다른 성질의 강냉이로 뻥 튀겨져 버린 것이다. 그 뻥 튀김의 실체가 바로 내가 여기서 말하고 있는 과학과 기술의 랑데뷰라는 사건이다. 과학은 물론 우리 조선민족의 창안이 아니다. 그것은 희랍인들의 놀라운 사변이성이 이룩한 인류의 쾌거의 씨앗이 르네쌍스이래 발아한 것이다. 우리는 20세기를 통해 단지 그것을 정확하게 배울려고 힘썼다. 그리고 현실적으로 서구라파문명이 두세기 동안 달성한 것을 곧 사오십년 안에 달성하려고 몸부림쳤던 것이다. 그것이 과연 달성된 것인지 안된 것인지는 지금 내가 단안을 내릴 수는 없다. 그러나 외면적으로 우리의 삶의 변화는 최소한 그 과학문명을 이룩한 주축의 문명의 삶의 양태의 변화보다도 더 철저하고 근원적이고 더 그 변화의 폭이 큰 것이다.

4,000년 동안 인간이 건드릴 수 없었던 성역이 40년 동안에

무너졌다면 이것은 과연 무엇을 의미하는가? 자연의 에너지를 문명의 에너지로 전환하는 방식이 여태까지의 인류의 문명사의 어떠한 방식과도 다른 방식으로 이루어졌으며, 그 에너지의 전환이 바로 모든 에너지의 근원을 고갈시키고 파괴시키고 있다는 가공스러운 결과인 것이다. 자연의 에너지란 천지의 에너지며, 이 천지의 에너지란 곧 생명의 에너지인 것이다. 자연의 에너지의 고갈이나 파괴는 곧 생명의 고갈과 파괴를 의미하는 것이다.

저 사막에 우뚝 서 있는 스핑크스나 피라밋은 한없이 신비롭다. 그리고 그것을 우리가 지구상의 문명의 소치라고 말한다면 지금도 풀 수 없을 정도의 어떤 문명에너지의 비약적 형태를 가상하지 않을 수 없는 것이다. 그러나 그 나일의 사막위에 아무리 피라밋이 수백개 들어섰다 할지라도 지구 전체의 기상상태를 파괴시킬만한 환경의 오염이나 생태의 변화를 초래한 바는 없다. 피라밋이나 만리장성은 인간의 인위적 장난의 극치라 말해도, 그것은 지금도 묵묵히 관광객의 발걸음을 재촉하고 있는 고요한 자연의 돌더미일 뿐이다. 그러나 63빌딩 하나가 저지르고 있는 하천의 오염은 결코 묵묵한 한강의 석양의 아름다운 반사로 가리워질 수 있는 그러한 것은 아닌 것이다.

밥을 급작스레 먹으면 체하는 것은 정한 이치다. 그리고 조금씩 먹지 않고 과식을 해도 반드시 부작용은 뒤따른다. 少食을 하거나 적당히 먹어서 나쁠 것이 없다는 것은 누구나 다 아는 일이지만 가련한 인간은 그것 하나를 지키지 못한다. 맛있으면 과식하게 마련이고, 과식하면 설사나 배탈의 부작용이나, 장기적으로는 비만·고혈압·당뇨 등의 지병이 생기게 마련이다. 4,000년 동안 건드리지 않았던 성역들을 40년에 다 건드려 버렸다면, 4억만년 동안 순결한 처녀의 살결처럼 인간의 때가 묻지 않았던 도봉의 만장봉이 불과 몇십년 사이에 알피니스트들의 핫켄이나 볼트, 온갖 인공확보물로 상처투성이가 되었다면, 해방 후 불과 4·50년 동안에 과학과 기술의 랑데뷰로 인한 산업사회의 진보가 우리 문명의 모습을 되돌이킬 수 없을 정도로 뻥 튀겨놓았다고 한다면, 이러한 역사의 과식·과속·과욕이 여러 가지 병적 부작용을 초래할 것은 뻔한 이치인 것이다.

요즈음 사방에서 지진이 터지고 있다. 일본에서 L.A.에서, 중국에서 터키에서, 파키스탄에서, 그리스, 대만에서…… 어마어마한 인간세의 불행을 초래하는 규모로 여기저기서 지진이 폭발하고 있는 것이다. 지진의 발생은 역시 지각의 이동이라는 지질학적 법칙의 사실에서, 그 개연성을 지배하는 일반론에서 그 원인을 논구할 수밖에 없다. 그러나 우리가 天地를 하나의 神明體(가이아, Gaia)로 본다면, 거대한 하나의 살아있는 생명체로 본다면, 우리는 우리의 신화적 상상력을 여기 도입해서 생각해보지 않을 수 없다. 이 地球상에 건설한 문명이 오죽이나 형편없는 것이었으면 저렇게 地神의 진노를 불러일으켰을까? 얼마나 地神을 화나게 만들었길래 자신의 몸뚱이를 더럽힌 저 문명의 장난을 저렇게 털어버리실까? 물론 지각의 판들(Plates) 간의 충돌은(요번 대만지진은 북쪽의 두꺼운 유라시안 판[Eurasian Plate]이 필리핀해 판[Philippine Sea Plate]을 밀어덮쳐 생겨난 것이다) 예측불가능한 개연적 사태이며 지구내적 조건과 더 인과적으로 밀착되어 있는 사태일 것이지만 그러한 변화조차 단순한 해프닝으로 볼수는 없을 것이다. 우리나라 일산·분당지구에 단 5°정도의 지진이라도 발생한다면? 『三國史記』를 보면 우리나라 또한 지진이 잦은 나라로서 작고 큰 주기적인 지진의 사례가 계속 登載되어 있는데? 과연 안전할까? 地神의 진노? 우리는 지장보살님께 무어라 해야할까? 지신의 진노? 진노에 필요한 것은 화해의 요청이다. 여기 인간과 天地와의 화해, 인간과 자연과의 화해, 인간과 그의 환경과의 화해라는 21세기의 제1주제가 등장하는 것이다. 天·地·人을 일컬어 三才라고 한다면, 人이라는 一才는 天·地의 二才에게 화해를 요청하는 수밖에 없다. 天地의 멸망은 곧 人의 멸망이기 때문이다. 단군이래 4,000년 동안의 연속성을 우리 한민족이 불과 40년 동안에 불연속성으로 바꾸어 놓았다면 21세기 우리문명의 과제는 너무도 명약관화하다. 이제 우리는 그 40년의 죄업, 그 과욕과 과속과 과식과 과용의 부작용을 해소시켜야 하는 과제상황을 떠안고 있는 것이다.

2. 종교와 종교간의 화해

다음의 주제는 종교와 종교간의 화해(the Harmony between Religions)다. 얼마전에 참으로 놀라운 기사를 하나 읽었다. 한겨레신문에 실린 현각(玄覺)이라는 이름의 외국인 승려의 컬럼이었다(1999년 9월 28일자). 현각은 얼마전 KBS의 다큐멘타리, 『만행』이라는 프로그램의 주인공으로도 우리에게 낯익은 인물이었다. 해맑은 얼굴, 거침없이 말하는 그의 명료한 자세가 수도인의 기품을 물씬 풍긴다. 미국 동부의 명문가에서 태어나 하바드대학에서 신학·철학을 공부한 나의 후배이기도 한데 참 사려 깊은 인물이다. 그런데 그 컬럼의 제목이 "화계사의 불"이었다. 얘기인 즉, 기독교 광신도들이 화계사가 마귀사는 곳이라고 여러 차례 와서 몰래 방화를 한 사실이 밝혀졌다는 것이다. 기독교의 배타적 전도주의(the exclusive evangelism)가 이 지경에 이르렀다면 과연 주 예수 그리스도의 복음의 멧세지가 어디에 있는 것인지 아연실색해지지 않을 수 없다.

화계사하면 우리는 숭산스님을 떠올리지 않을 수 없다. 숭산스님과 나와의 해후에 관해서는 나의 책 『나는 불교를 이렇게 본다』(1989)에 소상히 밝혀져 있다. 세계적으로 달라이 라마와 더불어 4대 생불의 한사람으로 꼽히고 있는 숭산스님의 위대한 진면을 우리 국내 불교계나 종교계에서는 너무 인지하지 못하고 있는 것 같다. 물론 그 분의 가치가 그렇게 세속적인 평가에 있는 것이 아니기 때문에 새삼 왈가왈 할 건덕지가 없다. 그러나 나와 화계사와의 관계는 참으로 먼 옛날, 나의 영혼이 순결한 하나님의 은혜속에 감싸여져 있었던 그 푸릇푸릇했던 시절로 거슬러 올라 간다. 화계사는 바로 내가 다닌 한국신학대학에서 엎드리면 코닿는 이웃에 자리잡고 있었던 것이다.

내가 한국신학대학 입학원서를 사러 처음 방문했을 때 생각이 난다. 수유리 종점 못미처 마찻길 같은데서 뻐스를 내리면 그 신학대학 들어가는 길은 미루나무가 일렬로 쪼르란히 서 있는 아주 시골 동구밖 기다란 논두렁같이 생긴 그런 길이었다. 그 미루나무 길을 따라 한참을 울창한 북악기슭 쪽으로 거슬러 올라가면 탁 트인 화창한 공간에 아주 아담한 금잔디의 동산이 나오고 그 동산위로 하이얀 니은자 모양의 건물이 우뚝 서 있었다. 그 우뚝 솟은 탑꼭대기에는 히브리어로 "임마누엘"이라는, 조형적으로 참 인상깊은 글씨가 눈에 띈다. 그것은 "하나님이 항상 우리와 함께 하신다"는 뜻이다. 앞 교문을 들어서자마자 자그마한 다리가 있었는데 그 다리밑으로는 아름다운 개울이 졸졸 흘렀다. 그 개울은 바로 화계사를 돌아 흘러내리는 수유계곡의 청정한 물이었다.

그 하이얀 임마누엘 탑을 들어섰을 때, 나는 갑자기 어떤 광채에 쏘이는 듯한 느낌을 받았다. 까만 두루마기를 입은 어떤 노신사가 우뚝 서 있었다. 흰 동정에 옅은 뼈테 안경을 쓴 얼굴에서 발하는 빛의 느낌이 나를 어지럽게 만들고 있었던 것이다. 키가 훤칠했고, 얼굴은 웃음이 만면하고, 추운 겨울이었지만 화색이 화창한 봄날씨보다 더 환했다. 옆에서 누구와 유쾌히 대화를 나누고 있는 그 노신사의 모습에서 나는 신앙인의 삶의 어떤 영감같은 것을 읽고 있었다. 그때 나는 그 분이 누구인줄도 몰랐고 감히 말도 걸 생각도 못했다. 그렇지만 그 순간 그 얼굴에서 받은 해맑은 느낌이 나로 하여금 신학대학 입학의 결심을 굳건하게 만들고 말았던 것이다. 그 분이 바로 문익환목사님이었던 것이다. 당대 구약학의 대가! 그리고 내가 뵈웠을 그 당시 그 선생님은 구약성경 공동번역판 원고집필에 몰두하고 계셨을 때였다. 많은 사람이 지금 문익환하면, 맹렬한 공산주의 운동가며 물불을 가리지 않는 반정부 데모의 투사, 최루탄의 혼탁한 공기속을 홀로 거니는 거친 얼굴을 연상하기 쉽다. 내가 처음 뵈웠을 때의 문익환선생은 정말 완벽하게 그런 분위기와는 무관한 정신세계에 사시고 계셨던 진정한 수도인의 한사람이었다. 그 뒤 나는 그 분에게서 구약개론을 들었다. 그리고 물론 그 분의 강의는 매우 듣기 쉬웠고, 또 히브리 원전을 완전히 소화한데서 우러나오는 내용이 풍부했다. 그리고 무엇보다도 깨끗한 영적 체험담으로 우리 수강자들을 감동시키곤 했던 것이다. 저 멀리 교단에서 계신 모습은 항상 광채나는 해맑은 모습이었다.

나는 그 당시 관절염을 심하게 앓고 있었다. 내가 고려대학교 다니던 것을 중퇴하고, 한국신학대학에 입학하게 된 동기는 관절염이라는 극심한 신체적 고통과의 투쟁속에서 세계를 바라보는 가치관의 변화가 생겼기 때문이었기도 하겠지만, 또 한편으로는 지극히 단순한 물리적 동기와 맞물려 있었다. 한국신학대학은 당시 전교생이 캠퍼스에서 사는 거의 유일한 기숙사대학이었다. 따라서 관절염으로 고통받는 나로서는 기숙사와 학교강의실이 얼마 떨어져 있지 않았기 때문에 별 불편없이 학교를 왔다갔다 할 수 있겠다는 계산은 하나의 구원이었다. 당시 나는 구보나 오래 서있는 것이 불가능했다. 따라서 뻐스타고 학교를 통학하는 것이 매우 고통스러웠고 불가능에 가까웠다. 한국신학대학은 나에게 더 없는 배움과 삶의 보금자리였던 것이다.

당시의 한신의 캠퍼스는 정말 아름다웠다. 학생들뿐만 아니라 교수 전원이 캠퍼스 안에서 같이 살았다. 조그마한 낮은 1·2층짜리 후생주택이 수유리 화계의 송림둔덕 위로 아름답게 배열되어 있었다. 한 집에 보통 학생들이 7·8명 같이 살았다. 그리고 새벽 먼동이 트면, 학생들이 모두 소나무숲의 새벽기운을 헤치고 성스러운 본관의 채플 홀로 모여들었다. 그들은 채플가는 언덕위의 등성이 오솔길에서 만났다. 여기저기 여명을 헤치고 나온 그들은 만나면 찬송가를 흥얼거렸다. 그러면 모두 교회에서 성가대의 경험이 있는 남녀였기 때문에 꼭 한사람이 멜로디를 시작하면, 테너·쏘프라노·알토·바리톤의 사중주가 자연스럽게 울려 퍼졌다. 푸르른 새벽기운, 여명이 입김을 붉게 물들이는 그 새벽, 우리들은 이러한 성스러운 합창속에서 만나고 헤어졌다. 더 재미있는 사실은 이러한 한신대 학생들의 합창의 배경으로 저 멀리서 들려오는 화계사의 범종소리나 목탁소리가 같이 하모니를 이루었다는 것이다. 우리는 우리의 신앙체험 속에서 성스럽게 살지라도 멀리서 울려 퍼지는 범종의 소리를 그 어느 누구도 불경스럽게 들은 적이 없다.

우리 한국 신학대학 학생들은 때로 윗동네 화계사에 가끔 놀러가기도 했다. 그리고 스님들을 한신대 마당으로 초청하여 졸졸 흐르는 시냇물 앞에서 축구대회를 하기도 했던 것이다. 이런 나의 과거 추억을 더듬을 때, 도무지 기독교인들이(물론 한신대와는 관련 없다) 화계사에 불을 지른다는 이야기는 상상할 수도 없다. 스님과 목사는 친구지간이래도, 신도와 신도끼리는 잘 싸운다는 달라이 라마의 얘기가 얼핏 생각난다. 내가 솜니 원광대에서 공부하고 있을 때 들은 이야기이지만, 어느 이리 교회에서는 그 지역에서 오래 터전을 일궈온 원불교가 망하기를 기원하는 저주의 대기도회가 열리기도 한다고 들었다. 물론 내가 잘못들은 풍문이기를 바라지만, 그러한 이야기가 사실이라면 그 교회 목사님은 교회사를 크게 잘못 배웠다. 기독교의 교회사는 바로 탄압속에서 강성해진 역사인 것이다. 로마제국 속에서 "쿼바디스 도미네"를 외친 사람들의 역사가 그러했고, 모든 밋션 속에서 순교한 사람들의 역사가 그러했다. 다시 말해서 그는 원불교가 망하기를 저주하는 동시에 곧, 원불교의 강성해짐을 돕고 있는 것이다. 그는 바로 원불교에 하나님의 은총을 빌고 있는 것이다.

이런 얘기들은 매우 하찮은 얘기이지만, 만약 이런 사소한 얘기들이 자칫 감정싸움으로 번져 우리나라 종교신도들간에 대규모의 폭동사태가 일어난다면 우리나라는 어떻게 될까? 사실 이러한 우려가 없는 것도 아니다. 우리나라에 현존하는 모든 종교형태가 그 종교중에서도 가장 극렬한 보수성과 광신성 즉 훤더멘탈리즘(Fundamentalism) 이라고 총칭되는 신령주의적 성격을 지니고 있다는 것은 세계적으로 공인되는 사실이다. 우리나라의 프로테스탄티즘처럼 단시간내에 폭발적인 교회조직을 확보한 사례는 이 지구상의 모든 기독교전도사에 유례가 없는 사실이다. 세계사의 한 기적일 것이다. 그리고 그 광신적 성격은 라스베가스에 가서 도박으로 신도들의 헌금을 날려버리는 목사님의 명예를 위하여 일국의 최대방송조직을 장악하는 쿠데타군단의 조직력을 과시할 정도로 흉포하다. 뿐만인가? 조계종 총무원이라는 것이 도무지 무엇인지는 모르겠지만 때만 되면 스님들이 창칼을 휘두르며 싸우는 모습이 위성을 타고 전세계로 방영되곤하는 것이다. 내가 뉴욕에서 침구학 강의를 하는데 그곳에서 들고 있던 점잖은 미국의사 한 분이 일어나서 갑자기 질문하기를, 한국의 스님들이 낫·칼을 들고 막 싸우는 모습이 미국 테레비 뉴스에 나오는데, 도대체 그것을 어떻게 해석해야 옳으냐고 묻는 것이었다. 불교의 비폭력적 평화주의의 모습에 대한 평소의 인상과 한국의 불교는 너무도 다르다는 것이었다. 그러한 권승들의 광란 이면에는 아주 깊이있는 수행불교의 전통이 우리 한국에는 살아있다고 강변을 할 수밖에 없었지만, 맥락없이 던져지는 이런 인상발언에 대해 나는 구차스러운 변명이상의 얘기를 할 수가 없었다. 미국사회를 끊임없이 들끓게 하고 있는 통일교의 갖가지 활약상, 신흥종교라고 보통 범주화되는 대부분의 한국의 민간종교단체가 뉴스메디아를 장식하는 정보형태를 종합해 보면 우리나라는 역시 지나치게 성스럽고 지나치게 영적이다. 역시 신령스러운 샤만들의 나라라고 해야 할까?

많은 사람들이 종교를 좋은 것이라고 생각한다. 그런데 실상은 모든 종교가 나쁜 것이다. 종교는 善이 아니라, 惡이다. 이러한 나의 갑작스러운 충격적 발언에 많은 사람이 의아스럽게 생각하겠지만, 한번 마음을 놓고 생각해보라! 인간세상에 아예 종교라는 것이 있는 것이 좋겠는가, 없는 것이 좋겠는가? 개미 사회에 목사개미와 개미교회가 있는 것이 좋겠는가, 없는 것이 좋겠는가?

사실 인간세에 종교라는 것이 없어서 생기는 不善보다는, 있어서 생기는 不善이 더 큰 것이다. 인류역사를 한번 곰곰이 생각해보라! 인류가 이 지구상에서 저지른 모든 끔찍한 대규모 죄악상은 거의 99.9%가 종교라는 명분아래 자행된 것이다. 멀리 눈을 안돌려도 우리 주변에서 일어나고 있는 대규모의 살상전쟁이 모두 종교 때문에 생기고 있는 것이다. 이란, 이라크, 이스라엘, 아랍, 코소보, 보스니아, 씨에라 레옹, 라이베리아, 인도, 파키스탄, 토오쿄오 지하철의 독극물 살인…… 셀 수도 없는 우리시대의 모든 비극, 인간이 개인적으로 저지를래야 저지를 수도 없는 흉악한 대규모 악들이 모두 종교 때문에 일어나는 것이다. 생각해보라! 과연 종교가 좋은 것인가?

인간이 감내하기 어려운, 신체적 고통을 수반하는 고대사회의 모든 제식이 종교 때문에 생겨난 것이다. 종교 때문에 인간을 희생하는 제물(human sacrifice)이 생겨나고, 사제와 비사제간의 계급적 불평등이 생겨나고, 인간이 노예처럼 어떤 권위앞에 복속되는 모든 모습들이 생겨나는 것이다. 인간의 이성적 사유를 마비시키는 모든 기만적 행태가 종교에 속하는 것이다. 인간의 해방과 평등을 부르짖는 모든 종교의 슬로건의 이면에 반드시 종교라는 권위조직에로의 인간의 복속이 있지 아니한 예를 우리는 거의 발견할 수 없다. 왜냐하면 그러한 해방·평등의 실천만으로는 근원적으로 종교라는 조직이 **유지될 길이 없기 때문이다.**

도대체 종교가 뭐가 좋은가? 없는 것보다는 있어서 해악이 더 큰 것이라는 것은 너무도 명백한 사실이 아닌가? 우리나라 신흥종교의 모든 형태가 "사기성"을 지니지 아니한 예를 본 적이 있는가? 카메라 조작으로 성령이 내리는 것을 사진으로 찍어대고, 연보돈으로 축재하여 온갖 비리를 저지르고, 탁명환선생을 살해할 정도로 그 배면에는 확인되지 않은 의문사들이 비일비재하고, 항상 검찰도 두려워 손을 대기 꺼려하는 암막의 베일이 종교가 아닌가? 도대체 종교가 뭐가 좋은가? 어떻게 종교를 善이라할 수 있는가?

그런데 이러한 나의 항변은 도무지 아무런 소용이 없다. 아무리 내가 이렇게 항변해도 종교는 인간세에서 없어질 방도가 없기 때문이다. 니이체는 이 종교란 놈에게 엄청난 분노를 느꼈다. 그리고 이 종교란 놈의 주범인 神을 살해하면 문제가 해결될 수 있으리라 생각했다. 1900년에 生의 막을 내린 20세기의 예언자 니이체는 드높이 선포했다: "神은 죽었다."(God is Dead！)

그런데 니이체는 헛지랄을 한 것이다. 도무지 죽일 수 없는 것을 죽인 것이다. 神은 결코 사살될 수가 없는 것이다. 니이체의 선포에도 불구하고, 20세기는 인류사상 가장 종교가 보편화되고 성행했으며, 인류사상 가장 많은 종교적 죄악이 저질러진 세기였다. 20세기는 인류사상 가장 많은 신흥종교들이 발생했으며, 20세기야말로 모든 神들의 그야말로 신나는 축제장이었던 것이다. 니이체의 신의 사망선고는 결국 니이체라는 개인의 서구문명에 대한 양심선언에 불과했던 것이다.

종교는 본질적으로 인간의 허점을 파고든다. 인간의 이지가 발달하면 발달할 수록 그 이면에 생기는 공허를 파고든다. 인간은 강하지만 때로 한없이 나약하고, 혈기왕성하지만 때로 한없이 가냘프고 감상적이다. 항상 사회라는 군집을 형성하여 북적북적 비벼대지만 그럴수록 고독하다. 인간은 합리적 이성을 추구하지만 때로는 비합리적 감성에 호소한다. 치밀한 분석에 열을 올리다가도 맹목적 믿음에 호소한다. 종교는 바로 이러한 인간의 배면에 구조적으로 내장되어 있는 것이다. 인간에게 이러한 배면이 있는 한 종교는 사라질 수가 없는 것이다. 종교는, 문학이나 시가 인간에게서 사라질 수 없는 것처럼, 그것 또한 인간 존재의 본원적 측면을 형성하는 것이다.

종교는 분명히 악이다. 그렇다 ! 그것은 분명히 필요악이다. 그럼 이 악을 어떻게 해야 할까? 이 악을 제거할 방도가 있는가? 니이체의 실패를 계속 반복해야 할까?

종교는 악이다. 그리고 종교는 근원적으로 인간에게서 제거불가능하다. 그러면 어떻게 해야 하는가? 바로 종교라는 악의 배면을 불러일으키는 것이다. 종교적 악은 엄청난 선의 가능성을 동반한다. 평소 때 할 수 없었던 희생을 가능케 하고, 개인의 욕망을 뛰어넘는 보편적 행위를 가능케 하며, 인간을 절망에서 구원하며, 죄의식을 씻어주고, 모든 인간을 사랑과 화합으로 인도한다. 인간의 한계를 넘어선 초월자의 믿음안에서 한 몸이 되며, 서로의 생명의 가능성을 극대화시켜주며, 아름다운 공동체생활을 가능케 하는 질서와 극기와 이념을 제공한다. 종교는 악임에도 불구하고, 그것이 인간세의 모든 악을 저지르고 있음에도 불구하고, 종교가 인간세에 존속하는 이유는 바로 이러한 악의 배면의 엄청난 선의 가능성, 그 에너지 때문인 것이다.

우리는 영원히 종교를 제거할 수는 없다. 그것은 용렬한 무신론자의 환상에 불과하다. 그러면 어떻게 해야 하는가? 우리는 바로 종교를, 선의 가능성, 그 본래적 모습으로 복귀시켜야 하는 것이다. 종교의 모든 죄악은 알고 보면, 종교가 저지르는 것이 아니다. 알고 보면 그것은 종교를 빙자한 인간의 탐욕이 저지르는 것이다. 종교가 저지르는 것이 아니라 인간이 저지르는 것이요, 인간세의 제도가 저지르는 것이다. 종교는 어떠한 경우에도 교회나 승가의 역사로 이해되어서는 아니되는 것이다. 오늘날 한국교회의 모습은 기독교의 모습이 아니다. 그것은 기독교를 가장한 인간세의 조직의 모습이다. 기독교라는 추상체가 그 교회조직에 어떤 구실을 제공했을 뿐인 것이다. 이제 우리는 교회조직의 이해관계를 떠나 그 교회조직을 발생시킨 원초적인 정신으로 되돌아가야 하는 것이다. 우리는 예수 그리스도의 교회로부터 예수 그리스도 그 자체로 회귀해야 하는 것이다. 우리는 그리스도의 교회를 봐서는 아니된다. 우리는 그리스도의 복음 그 자체를 듣고 보고 실천해야 하는 것이다.

20세기가 니이체의 예언과는 달리 종교가 지극히 성행한 시기라고 한다면, 우리의 문제의식은 제1의 주제와 일치한다. 즉 과학과 기술의 랑데뷰로 자본주의 산업사회의 놀라운 비약이 이루어졌다고 한다면, 그만큼 종교계에도 놀라운 비약과 번영이 이루어진 것이다.

과거에는 종교가 매우 편협한 지역주의(localism)의 문화적 틀속에 갇혀 있었다. 대부분의 종교는 그 지역의 관습이나 제식의 특성과 깊은 관련이 있었다. 그리고 일차적으로 종교조직을 구성하는 성원의 삶의 방식, 우리가 문화적 가치라고 부르는 갖가지 형태와 밀착되어 있었다. 종교의 보편화를 막는 일차적인 요소는 그러한 관습체계였다. 기독교가 아직까지도 유태인 특유의 관습체계에서 해방되지 못하는 것은 매우 유감이다. 그러한 해방이 바로 예수나 사도 바울이 원하던 바였지만, 한국의 목사님들은 아직도 구약과 신약을 구분 못하고, 새로운 약속(신약)을 가르치는 것이 아니라 낡아빠진 옛 약속(구약)의 관습을 강요하고 있는 것이다. 전라도에서 발생한 종교를 보면, 전라도사람의 특유의 풍습과 촌스러운 가치관을 그대로 간직하고 있는 것이다.

그런데 21세기의 종교는 종교를 형성하고 있는 사회구조 그 자체가 그러한 지역주의를 벗어나기 때문에, 이제는 과거의 그러한 방식의 조직이나 관습이나 율법의 특수성을 강요하기 힘들다. 한번 생각해보자! 일제시대 때 일본사람들이 그 얼마나 한국사람들 입에서 마늘냄새가 난다고 쵸오센진을 경멸했는가? 일제시대 때 케이죠오(京城)에서 전차를 타면, 저 뒷문에서 한국사람이 한명 올라와도 앞문에 있던 일본사람이 "닌니쿠 니오이"(마늘냄새)하면서 오만상을 찌푸렸던 것이다. 일본사람들은 식생활이 비교적 담박한 편에 속하는 것은 사실이다. 그들은 한국사람의 마늘·파·생강·고추 운운하는 일곱가지 양념의 강력한 방향성(芳香性)을 감내할 수 없었던 것이다. 그것이 불과 몇년 전의 일본문화다. 이러한 특수한 일본문화에서는, 예를 들면, 마늘을 저주하는 종교적 금기의 제식이 생겨날 수도 있을 것이다.

그런데 지금 일본인들은 거의 마늘 처먹느라고 환장한 사람들처럼 되어 버렸다. 이제 한국의 "김치"가 세계인의 "킴치"(Kimchi)가 되어 버렸고, 일본은 이제 키무치의 대국이 되어가고 있는 것이다. 아지노모토 대신 키무치노모토가 대유행하고,

매운 음식이라면 그렇게도 질색하던 일본사람들이 한국의 辛라면을 선호하는 지경에 이른 것이다. 세계 김치시장을 놓고, 한국의 킴치상품과 일본의 키무치상품이 맞대결을 벌려야 하는 지경에 이른 것이다. 한국의 킴치상품계는 일본의 키무치는 김치로 규정할 수 없다는 선포를 하기에 이른 것이다. 이제 케이죠오가 아닌 토오쿄오(東京)에서 야마노테센 덴샤(電車) 뒷문에 김치냄새를 풍기는 한국인이 올라타면 앞문에 앉아있는 일본인이 어디서 구수한 냄새가 난다고 입맛이라도 쩍쩍 다실 셈인가? 엊그제까지만 해도 날생선을 먹는다 하면 귀신살코기라도 뜯어 먹는 것인냥 질겁을 하던 양키 아저씨들이 이제는 스시바에 가서 사시미를 먹을 줄 모르면 맨하탄 한복판에서도 문화인 행세를 할 수가 없다. 기독교 성찬식에 포도주를 쓰는 것은 단순히 예수시대의 유대인들에게 통용되던 술이 포도주였기 때문에 생겨난 관습에 불과한 것이다. 그것은 성찬의 본질적 의미와는 하등의 연관이 없다. 그렇다면 신부·수녀가 뺑 둘러 앉아 걸쭉한 막걸리를 바가지로 퍼잡수면서 성찬제식을 행할 수도 있는 것이다. 내가 왜 이런 말을 하고 있는가? 4,000년의 연속성이 40년의 불연속성으로 단절되는 변화 대신 우리가 얻은 것은 바로 이러한 보편적 삶의 양식이다. 지역주의의 편협성의 파괴다. 따라서 이제는 종교도 그러한 지역주의적 관습체계로부터 해방되지 않을 수 없다는 것이다. 그리고 그만큼 공통적 이해의 폭이 증대할 가능성이 커지는 것이다.

종교와 종교가 싸우는 것은 종교조직과 종교조직간의 利害의 상충이다. 그리고 이러한 利害의 상충은 대부분 터무니없는 편견과 몰지각, 선입견과 몰이해에 뿌리박고 있다. 21세기 인류의 최대의 과제는 바로 20세기에 벌린 인류의 종교의 잔치를 통해 이제 서로를 이해하는 공존의 장으로 나아가는 것이다. 파티에서 한번이라도 만난 사람은 낯설어지지 않게 마련인 것이다.

모든 종교는 이제 배타적 전도주의(the Exclusive Evangelism)를 하루속히 포기해야 한다. 나의 믿음의 방식만이 오로지 인류를 구원한다는 좁은 편견에서 빨리 벗어나야 한다. 종교의 공존! 그렇다면 모든 종교는, 사이비종교이든, 신흥종교이든, 저등종교이든 다 수용해야만 하는가?

종교에 있어서 구극적으로 사이비와 진짜, 신흥과 구흥, 저등과 고등에 관한 명료한 가치기준을 내세울 수 있는 척도는 존재하지 않는다. 종교란 사이비라면 다 사이비일 수 있는 것이요, 진짜라면 다 진짜일 수 있는 것이다. 그러나 인간세의 종교적 현황은 우리가 모든 종교현상을 모두 善으로 받아들이기에 어려운 측면들이 분명히 엄존한다. 이런 문제를 어떻게 생각해야 할 것인가? 나 김용옥이 신일 수는 없다. 종교의 고·저등, 다시 말해서 신의 고·저등을 판단할 수 있는 至高의 신이 아니다. 신을 법정에 세우는 하이에스트 코트의 판사는 아닌 것이다. 그러나 여기 내가 확연히 고등과 저등을 판단할 수 있는 하나의 기준이 있다. 그것은 모든 고등종교는 "자기비판능력"이 있다는 것이다. 우리가 기독교가 매우 문제점이 많은 종교임에도 불구하고, 그것을 고등종교로 인정하는 것은 바로 기독교는 역사를 통해서 비판을 수용할 수 있는 능력을 길러왔다는 것이다. 역사를 통해서 기독교는 악을 최소화시킬 수 있는 다양한 매카니즘을 확보해왔다는 것이다. 이미 기독교는 갈릴레오에게 천동을 강요하고 부루노를 화형에 처하는 그런 종교가 아닌 것이다. 불교 역시 기나긴 인간세의 역사를 통하여 자기비판과 자기성찰의 확고한 대승정신을 함양해왔다. 불교처럼 반불교적 교리들을 자내에 수용하는 폭넓은 종교는 세계적으로 희귀하다. 禪만 해도 그것은 불교를 부정하는, 인간의 본연의 깨달음의 성찰인 것이다.

대부분의 사이비종교나 신흥종교의 문제점은 바로 자기비판능력이 없다는 것이다. 자기를 비판하는 자들을 적대적 관계로만 설정하며, 자기들의 좁은 편견을 절대화시키고 우상화시킨다. 기독교도 그러한 모랄에 사로잡혀 있는 기독교는 사실 기독교가 아니라 어느 목사 개인의 신흥종교인 것이다. 그리고 모든 고등종교의 조직은 리더십의 교체를 자유롭게 행하는 매카니즘이 장착되어 있다. 그러나 대부분의 사이비종교는 리더십이 고착되어 있다. 종교가 자기를 개방할 수 없으면 그것은 종교의 자격이 없다. 어둡고 싸늘한 공기에서만 존재할 수 있는 백설이 되어서는 아니되는 것이다. 태양의 밝은 양광아래서 금방 형체도 없이 녹아버리고 마는 그런 백설이 되어서는 아니되는 것이다. 대부분의 순결을 가장한 종교가 그러한 백설의 허상에 불과한 것이다.

 종교라는 것도 알고 보면 돈이다. 자본주의 사회에서는 더더욱 그러하다. 아무리 종교정신이 위대해도 돈이 없으면 그 조직은 유지될 수 없다. 종교의 돈은 대개가 헌신하는 신도들의 헌금이다. 그 돈에 진실이 있을 때 종교는 위대해질 수 있다. 그러나 그 돈이 어둡고 폐쇄되고 자만과 독선에 빠지면 결국 그 돈의 모임은 유지될 수가 없다. 종교도 돈이 없으면 끝장이다. 종교도 흥행이 안되면 파장인 것이다. 다시 말해서 종교의 흥망성쇠는 매우 단순한 것이다. 자체의 진실이 확보되면 그것은 자기갱생을 계속하고 그렇지 못하면 자망한다. 우리는 종교의 부흥과 전도를 도울 것이 아니라, 종교의 자망을 도와야 한다. 모든 폐쇄적이고 독선적인 사이비종교들이 自亡하도록 우리는 우리민족을 계몽시켜야 하는 것이다. 비판을 수용할 수 없는 모든 종교들이 폐업을 재촉하도록 우리국민이 깨어 있어야 한다. 헌금을 안내면 종교는 自亡하도록 되어있는 것이다. 20세기가 우리민족에게 있어서 지나치게 종교의 흥행이 잘 된 한 세기였다고 한다면, 21세기 우리역사는 종교가 흥행이 잘 안되는 세기가 되어야만 종교가 건전해지고, 종교간의 화평과 공존이 이루어질 것이다.

3. 지식과 삶의 和解

21세기 셋째의 주제는 지식과 삶의 和解(the Harmony between Knowledge and Life)이다. 이것은 老子철학 전반을 흐르는 反주지주의적 색채와 깊은 관련이 있다. 지식이 본시 삶에서 나온 것이요, 삶을 위한 것이라는 의심의 여지가 없다. 그런데 지식 그 자체가 삶을 괴롭히고, 삶을 위협하고, 삶을 노예화한다면 과연 어쩔 셈인가?

요즈음 부모님 노릇 하시는 분들의 공통된 고민중의 하나가 이런 것일 것이다 : 요즈음 애들은 공부를 참 안한다 ! 컴퓨터만 들여다 보고, 영화만 보고, 콜라텍, 락까페에 가서 춤추기는 열중해도, 공부는 안한다. 피씨방, 비디오방, 디스코방에서는 몇날 몇일을 새면서 열중할 수 있어도 도무지 공부는 하지 않는다. 솔직히 고백하지만 내 자식부터 그 모양이니 이것 참 어찌해볼 도리가 없는 것이다. 도대체 공부란 무엇인가? 이 "공부"란 놈에 대하여 나는 꽤 독창적인 새로운 나의 "공부론"이란 이론이 있다. MBC 이야기쇼 만남에 나간 나의 "공부란 무엇인가?"의 내용이 그것이다. 그러나 지금 여기서 우리는 그 내용을 논할 계제가 아니다.

흔히 우리가 말하는 "공부"란 것은 "지식의 습득"과 관련된 것으로, 더 구체적으로는 좋은 대학가는데 필요한 지식체계, 대학입시 이후에는 대학에서 가르치는 카리큐럼에 충실한 지식체계를 일컫는 것이다. 그런데 우리는 지금 궁극적으로 그 지식체계가 과연 우리 삶에 무엇을 의미하는가 하는 매우 근원적인 질문을 던져야 하는 것이다. 부모님들께서 말씀하시는 "공부"라는 것은 구체적으로 "독서"다. "독서"도 만화책을 읽는 것이 아니라, 사려 깊은 책이나 전공에 관련된 책을 읽는 것이다. 손쉽게 얻어지는 쾌락적 독서가 아닌, 쾌락을 희생함으로써 얻어지는 그런 "독서"를 의미하는 것이다.

인생을 사는데 정말 재미있는 것은 무엇일까? 孟子(멍쯔)는 남녀노소할 것 없이 인간이라면 누구든지 좋아하는 것으로 다음의 두가지를 들었다. 食과 色! 그것은 참으로 천하의 명언이다. 사람이 일상적으로 사는데 "맛있게 먹는 것," 참 그것 이상으로 재미있는 것은 없다. 하루하루의 일과 중에서 단 한번이라도 정말 맛있는 것을 먹어 보았으면! 요새같이 퇴폐적인 외식문화의 허식속에서 어쩌다 정말 정성스럽고 특이한, 맛깔스러운 음식을 만나면 정말 한번 먹고 꿀꺽 숨이 넘어가도 유감이 없을 정도로 우리는 쾌락을 만끽하게 된다. 음식의 묘미는 청결과 소재의 신선함과 조미의 프레이그런스(香), 三位一體의 예술이다. 그런데 요즈음과 같이 하이타이로 그릇을 씻어대고, 공해로 쩌든 소재에, 온갖 인공조미료를 퍼붓고 인공적인 된장·꼬치장을 처넣은 음식이 진미처럼 둔갑되어 나오는 세상엔 정말 향긋한 백미 밥한그릇이 오히려 귀하게 느껴지는 것이다. 요번 시드니에 가서 영어·우리말 두 강연의 성공도 유쾌한 것이었지만, 아내와 시내를 돌아다니다 우연히 만나게 된 우리 구어메이(미식가) 미각의 쾌거는 참으로 특기할 만한 사건이었다.

아내와 나는 중국에서 만났다. 중국에서 신혼생활을 했고, 중국말과 중국습관 속에서 평생을 살았다. 지금도 평상대화의 반은 중국말로 한다. 그래서 어디에 가든 꼭 들리는 곳이 차이나타운이다. 차이나타운에만 가면, 쎈스있게 선택하여 감만 잘 잡으면, 꼭 한 끼는 양식으로 니길니길 코팅되어버린 뱃속을 한번 유쾌하게 놀래켜 줄 챈스를 잡을 수 있기 때문이다. 중국말을 잘한다는 것이 그렇게 편할 수가 없다.

아내와 나는 강연이 끝난 날, 단촐하게 둘이서 호텔을 나왔다. 우선 길거리 키오스크에서 상세한 시드니의 지도를 하나 샀고, 도보와 공공 운송체계만을 이용하여 시내를 샅샅이 훑기 시작했다. 우리는 그 유명한 오페라하우스가 보이는 부두가까지 걸어 나갔다가 그곳에서 센트랄 스테이션 가는 지하철을 탔다. 재미있는 것은 지하철이 이층으로 되어있다는 사실이었다. 홍콩이나 영국에서 이층뻐스는 많이 보았지만, 지하철이 이층으로 되어있는 사실은 예기치 못했던 것이었다. 센트랄 스테이션을 빠져나와 벨모아 파크를 가로질러 차이나타운으로 향했다.

　오스트랄리아！ "거대한 남쪽의 대륙"이라는 이름의 이 오스트랄리아를 개발하는데 중국인 쿨리들의 어마어마한 노동력이 희생 제물이 되었다는 것은 역사를 통해서 잘 알 수 있다. 그래서 중국인들은 이곳에 일찍부터 정착하였고, 그들은 무시할 수 없는 상권을 형성했다. 그리고 그들이 시드니에 건설한 차이나타운은 유구한 역사와 보수적 전통과 풍요로운 현실이 잘 융합된 매우 깔끔한 곳이었다. 여기 저기 어슬렁거리다 우리 눈에 들어온 것은, 오스트랄리아 차이나타운에 유달리 풍부한 것이 해산물이라는 사실이었다. 우리는 오스트랄리아가 이 지구상에서 비교적 인위적 문명의 흐름에서 소외된 매우 청정한 자연환경을 가지고 있다는 것, 그리고 청정하기 이를 데 없는 남대양의 풍요로운 어장 한 가운데 있는 대륙이라는 사실을 잊고 있었다. 차이나타운 어느 菜館앞 쇼윈도우를 지나다가 앗！ 하고 나의 시선을 경악시킨 물체가 하나 있었다. 그것은 어항속을 어슬렁거리는 하나의 거대한 바윗덩어리와도 같았다. 영어로는 보통 "킹크랩"(King Crab)이라고 하지만 중국인들은 "왕게"라고도 하지 않고, 아예 "황제게"라고 한다. 오스트랄리아의 게의 모습은 우리의 상상을 초월하는 초대형, 엑스라지 아니 슈퍼라지, 아니 크다는 표현이 도무지 적합치를 않은 그러한 것이었다. 어항속에 웅크리고 있는 모습은 문자 그대로 거대한 태고의 암석이었다. 이왕지사엔 한번 이 놈을 먹어봐야겠다! 우리는 크랩요리를 잘 할 수 있는 곳을 골랐다. 우리 감으로, 굴번(Goulburn) 스트리트와 수쎅스(Sussex) 스트리트가 만나는 곳에 크게 자리잡고 있는 "金唐海鮮菜館"이라는 곳이 눈치 코치 다 때려 볼 때, 名家일 것이라는 생각이 들었다. 그래서 용기있게 金唐(진탕)에 入城을 시도했다. 퍽 큰 차이꾸안(식당)이었는데 거대한 한 벽 전면이 온갖 어항으로 장식되어 있어 그곳에서 직접 해물을 고르면 바로 즉석요리를 해 올리는 그러한 시스템이었다. 우리는 어항앞에서 "황제게"를 찍었다. 그랬더니 웨이터가 우리를 의아스럽게 쳐다보면서 그것을 어떻게 먹으려고 하냐는 것이었다. 돈주고 먹는다는데 왜 못먹는다는 것일까? 저건 먹는 것이 아니라 그냥 전시용인가? 의아스러운 것은 내쪽이었다. 나의 반문을 받은 웨이터는 큰 그물을 집어넣어 게를 꺼냈는데, 자그만치 웬만한 어린아이 몸뚱이보다 더 큰 느낌이 들었다. 저울에 달더니, "치 꽁진"하고 외치는 것이다. 무게가 7kg 나간다는 뜻이다.

7kg면 어떻고, 10kg면 어떠냐? 한번 산해진미를 먹어보고나 죽자꾸나! 그랬더니 그 웨이터가 하는 말이 이것을 먹으려면 최소한 열사람은 필요하다는 것이다. 왜소하게 보이는 초라한 부부 둘이서 이 황제게를 처분한다는 것은 있을 수 없는 이야기인듯이 얘기하는 것이다. 그래도 나는 다 버리고 가도 좋으니 맛좀 보자고 했다. 그랬더니 그 웨이터가 이것이 얼마인줄 아냐고

묻는 것이었다. 그래서 얼마냐고 물었다: "뚜어 사오 치엔?"

"세븐 헌드레드 달러스!"

나는 여기서는 그만 기절초풍하고 말았다. 기권표를 던지지 않을 수가 없는 것이다. 오스트랄리아 돈으로 700불이면 미화로도 500불은 된다. 그러니까 우리나라 돈으로 한 육십만원 되는 것이다. 게 한마리 먹는데 육십만원! 아무리 미식가의 탐욕을 마음껏 발휘한다 해도 이것은 좀 심하다. 작전후퇴를 하지 않을 수 없었다. 함부로 접근하다간 큰 코 다치겠다는 생각이 들어 하는 수 없이 金唐을 나와 버렸다. 미화 500불! 우리는 아직도 학생감각에 살기 때문에 외국나가서 50불 쓰는 것이 좀 두렵다. 그러나 무조건 후퇴는 곤란하다. 얌체같지만 나는 하는 수 없이 S.O.S. 특전을 쳤다. 현지에서 큰 사업을 하고 계신 친지 한분께 전화를 걸었다. 마침 그 송사장님의 회사건물이 바로 차이나 타운 근방이었고, 또 다행이 저녁 7시경이었는데, 회사에 계셨다.

"시간이 있으시겠습니까?"
"아 물론 나가지요. 그런데 어디 계시지요?"
"여기 수쎅스 앤 굴번인데요. 혹시 金唐이라는 곳을 아시는지요. 그 앞에 공중전화에서 걸고 있는 겁니다."

"金唐을 어떻게 아셨어요? 그 곳이 여기 차이나타운에서는 제일 고급이고 제일 음식을 잘하는 곳입니다. 그 곳에 들어가 계세요. 제가 곧 가서 모시겠습니다."

으음, 회심의 미소가 돌았다. 이제 한번 또 거하게 먹어보겠구나! 어차피 킹 크랩은 不可能之事에 속하는 것이고…… 나는 허리띠부터 풀렀다. 송사장님은 바로 해물무역을 크게 하시는 분이었고, 그 金唐菜館 주인과도 친구사이였다. 송사장님이 오셔서 다시 웨이터와 기나긴 협의를 거친 결과 우리가 낙착을 본 것은 "러브스타"요리였다.

러브스타(바닷가재)하면, 나는 좀 일가견이 있는, 그리고 미식가로서 견식이 높다는 자부감을 가지고 있다. 왜냐하면 미 전역에서도 러브스타의 고장으로는 보스톤항 이상을 꼽을 곳이 없기 때문이다. 보스톤은 러브스타가 크고 풍부하기로 유명하다. 그리고 보스톤 차이나타운의 러브스타 요리의 격조를 세계 어느 곳에서도 나는 경험하지를 못했다. 그래서 송사장님이 러브스타요리 운운할 때 나는 좀 불만스러웠다. 러브스타는 보스톤 6년 유학시절에도 지겹도록 먹었고, 또 최근 보스톤생활을 통해서도 단골 메뉴였으니까! 그런데 웨이터가 어항에서 끌어올린 러브스타는 나의 눈을 다시 한번 의심케 만들었다: "리앙 꽁진!"

2kg라는 뜻이다. 그리고 러브스타 한마리에 200불을 받았다. 7kg짜리와 실갱이를 치고 난 후인지라 나는 2kg에 대한 별다른 감흥이 없었다. 그리고 좀 거대하다는 생각은 들었지만 역시 러브스타의 모습을 한 것이었고, 그것이 실제로 얼마나 큰 것인지, 200불이면 너무 호되게 받아 처먹는다는 생각만 들었을 뿐, 별 감각이 없었다.

얼마후 ! 드디어 요리가 전개되었다. 우아 ! 문자 그대로 산해진미였다. 하나의 러브스타를 잡았는데, 아니 단 한마리의 러브스타를 잡았을 뿐인데, 아니 이렇게도 푸짐한 요리가 나오다니 ! 내가 보스톤에서 자랑스럽게 먹던 그런 러브스타의 살코기 내용보다 실제적으로 한 열배는 되는 것 같았다. 이것은 완전히 우리의 상식적 개념을 뒤엎는 사건이었다. 진저(생강)소스, 오이스터(굴) 소스, ……

맛을 달리해서 푸짐하게 벌려 놓은 단 한마리의 요리를 우리 셋이서 먹다 먹다 다 끝낼 수가 없었다. 그리고 놀라운 것은 金唐의 요리솜씨였다. 어떻게 그 짧은 시간안에 그 딱딱한 러브스타의 껍질들을 말랑말랑한 종이처럼 부드럽게 만들어 놓았는지, 살은 뭉텅뭉텅 푸짐하게 그 신선한 향기를 있는 그대로 발산했다. 남대양의 모든 신선한 바닷기운을 농축한 듯 그 쫄깃쫄깃하면서 투명한 아삭아삭함, 그리고 고상한 생강기름의 그윽한 향

기는 도무지 지상에서 내가 맛보았던 최상의 감미로운 요리 같
았다. 음식에 관한 한 나는 실전에 강한 쿠킹의 도사이기도 하
고, 다양한 국제경험을 쌓았기 때문에 함부로 과찬하지 않는다.
그러나 시드니 수쎅스의 진 탕 러브스타 요리만은, 그 살점을 말
캉 씹는 첫입의 순간에 그만 이제 죽어도 여한이 없겠다는 감동
의 눈물이 나올 지경이었다. 이 지구상의 내노라하는 구어메이 ·
들이여! 시드니의 진 탕으로 가라! 그리고 러브스타 요리 한
접시만 시켜먹게! 200불은 결코 아까운 돈이 아니니까!

　孟子의 食色을 논하다가, 너무 이야기가 가로 새고 말았지만,
하여튼 인간에게 맛있는 것을 먹는다는 것처럼 즐거운 일은 없
는 것이다. 그리고 이것 못지 않게 인간을 현혹시키는 또 하나의
쾌락이 바로 色인 것이다.

　인간이 살아가는데 사랑없이는 살아갈 수가 없다. 여기서 사
랑이란 매우 구체적으로 이성간의 사랑을 말하는 것이다. 사랑
은 애타는 그리움이다. 사랑은 열정이다. 사랑은 불꽃이다. 아니
그것은 훨훨 타오르는 열화다. 사랑은 내 몸의 케미스트리인 것
이다. 내 몸이 불타오르는 화학반응인 것이다. 모든 정신적 사랑
도 결국은 신체적 사랑으로 꼴인한다. 아니 모든 정신적 사랑도
신체적 사랑의 전제가 없다면 그와같이 열화와 같은 형태를 띨
수가 없다. 신체적 사랑이 빠진 정신적 사랑이 현실적으로 존재

한다 해도 그것은 그러한 전제와 가능성속에서 현존하는 것이다. 이성의 교합의 순간처럼 인간에게 쾌락을 주는 것은 없다. 아무리 부정해도, 아무리 부정해도, 그것은 지고의 열락이다. 지고의 황홀경이다. 그러니 길거리가 온통 그러한 케미스트리로 들끓고 있는 환경에서 요즈음 젊은이들이 그러한 열락에 몸을 내맡기지 않을 수 없는 것이다. 그 짜릿한 몸과 몸의 언어는 아무리 되풀이해도 그 순간만은 어느 무엇도 비견될 수 없는 강렬한 즐거움인 것이다.

몸과 몸의 만남, 규(竅, "구멍"의 뜻인데 동양고전의 표현이다)와 규의 만남, 우리는 그 만남을 통해 인간관계의 자유로움을 획득한다. 세속적 규약으로부터의 해방을 획득한다. 그래서 인간은 성이라는 자유의 매력에 매료되는 것이다. 그러나 그 자유는 결코 내적으로, 외적으로 모두 유지될 수 없는 것이다. 모든 자유는 순간이다. 그것은 세속적 규율을 해탈시키는 듯이 보이지만 결국 더 큰 규약과 제재와 규율속에 있는 것이다. 그래서 그러한 규약과 규율의 질서를 획득하지 못할 때는 사랑은 파괴적이 되고 만다. 그래서 인간의 모든 비극이 생겨나는 것이다. 사랑이야말로 인간존재의 파라독스의 조건이다.

저 기사의 손을 빛나게 해주고 있는
저 여인은 누구뇨?

오오! 그녀의 아름다움은
정열의 횃불이 더 붉게 타오르는
법을 가르쳐주고 있구나.
마치 검은 에티오피아의 황녀의
귀밥에 달려 있는 찬란한 보석처럼,
저 여인은 검은 初夜의 뺨에 달려있는 듯,
저 여인의 아름다움,
만지기엔 너무도 현란하고
그렇다고 이 땅에 내려놓기엔
너무도 고귀하다.
보아라! 주변의 아가씨들
너머로 빛나는 저 자태,
마치 떼지어 다니는 까마귀속의
백설의 비둘기,
저 춤의 박자가 종료되면
저 여인이 멈출 곳을
내 미리 눈여겨 보아두마.
그리고 그녀를 휘감아
나의 무례한 손길이
축복을 받도록 해야겠군.

나의 가슴이 여태까지 과연
사랑을 알았던가?
지금 불타오르는 나의 시선이
그것을 부정하네 !
나는 이 밤까지
진정한 아름다움을
본적이 없었노라.

What lady's that which doth enrich the hand
Of yonder knight?

O, she doth teach the torches to burn bright.
It seems she hangs upon the cheek of night
As a rich jewel in an Ethiop's ear—
Beauty too rich for use, for earth too dear.
So shows a snowy dove trooping with crows
As yonder lady o'er her fellow shows.
The measure done, I'll watch her place of stand,
And touching hers, make blessed my rude hand.
Did my heart love till now? Forswear it, sight.
For I ne'er saw true beauty till this night.

나는 대학교시절부터 셰익스피어를 원서로 암송하는 취미를 가지고 있었다. 나 자신이 동양고전의 학문에 뜻을 두었기 때문에 너무 한문만 읽다보면 사람이 고리타분해지고 구질구질한 냄새가 날 것 같은 컴플렉스 때문에 셰익스피어를 암송하는 취미가 있었다. 그러나 무엇보다도 셰익스피어를 원어로 읽을 때 느끼는 그 마제스틱하면서도 인간의 내면의 감정을 후려쳐내는 언어의 마력은 李太白의 분방한 詩나 白居易의 감성적인 古詩나, 蘇東坡의 단아한 詞의 맛과도 또 다른 깊이를 간직하고 있었다. 上記의 인용은 바로 로미오가 쥴리엣을 처음 쳐다보는 장면이다. 나의 번역이 셰익스피어 원어의 맛을 얼마나 울겨냈는지는 모르겠으나 우리나라 영문학자들의 현존 번역들은 너무도 살아있는 예술의 감동을 무시하고 있다.

아~ 보아라! 그 얼마나 가슴설레이는 순간인가? 한 남자가 한 순결한 여인의 아름다운 자태에 넋을 읽고 황홀경에 빠지는 그 순간의 감동을 어찌 이다지도 아름다운 언어로 표현할 수 있단 말인가? 인간에게 이 이상의 아름다운 순간이 또 있을 수 있는가?

[쥴리엣의 손은 잡으면서]
로미오 : 나의 천하고 무례한 손이
이 거룩한 성소를 더럽혔다면

나의 부드러운 죄업은 이것이외다:
나의 두 입술이여 !
얼굴을 붉히는 두 순례자 되어,
여기 수줍게 서 있소이다.
그 거친 만짐을
다시 하느적거리는 키스로써
부드럽게 고르려하오.

쥴리엩 : 착하신 순례자시여 !
그대의 손을 너무 비하시키지 마옵소서.
고상한 예절로 나의 성소를
방문했거늘.
성자에게도 순례자의 손이 만질 수 있는
손은 있소이다.
손과 손이 맞닿으면
성스러운 순례자의 키스가 되오이다.

로미오 : 성자에게도 거룩한 순례자의
입술이 닿을 수 있는
입술이 있지 않소이까?

쥴리엩 : 아아～, 순례자이시여 !
입술은 기도에 써야하는 법이라오.

로미오 : 오~ 그렇다면, 사랑스러운

　　　　　성자이시여 !

　　　　　이 손이 할 수 있는 것을

　　　　　이 입술이 할 수 있게 하옵소서.

　　　　　내 입술은 간구하오이다.

　　　　　들어주옵소서.

　　　　　소망이 절망으로 바뀌지 않도록.

쥴리엘 : 성자는 움직이지 않소.

　　　　　기도하는 자의 간구는 들을지라도.

로미오 : 그렇다면 움직이지 마옵소서.

　　　　　나의 기도의 효험을 내가 받을 동안.

　　　　　[강렬하게 키스한다.]

　　　　　이로써 나의 입술의 죄가

　　　　　그대 입술로써 씻어지오리다.

쥴리엘 : 그렇다면 나의 입술은 그대 입술의

　　　　　죄를 간직하고 있으오리다.

로미오 : 나의 입술의 죄라구요?

　　　　　아~ 얼마나 감미로운

　　　　　책망이시오니이까?

　　　　　나의 죄를 내가 다시

가져가오리다.

[두번째 강렬한 키스.]

Romeo. [*Takes Juliet's hand*]

If I profane with my unworthiest hand

This holy shrine, the gentle sin is this:

My lips, two blushing pilgrims, ready stand

To smooth that rough touch with a tender kiss.

Juliet. Good pilgrim, you do wrong your hand too much,

Which mannerly devotion shows in this;

For saints have hands that pilgrims' hands do touch,

And palm to palm is holy palmers' kiss.

Romeo. Have not saints lips, and holy palmers too?

Juliet. Ay, pilgrim, lips that they must use in prayer.

Romeo. O then, dear saint, let lips do what hands do:

They pray: grant thou, lest faith turn to despair.

Juliet. Saints do not move, though grant for prayer's sake.

Romeo. Then move not, while my prayer's effect I take.

[*He kisses her.*]

Thus from my lips, by thine, my sin is purg'd.

Juliet. Then have my lips the sin that they have took.

Romeo. Sin from my lips? O trespass sweetly urg'd.

Give me my sin again.

[*He kisses her.*]

이 얼마나 미묘한 감정의 묘사인가? 처음 멀리서 바라본 로미오가, 곧바로 줄리엣과 키스를 교환하기까지, 그 성스러운 熱火의 순간을 성자와 순례자의 이미지를 가지고 끌어가고 있다. 성자는 움직이지 않는 陰의 이미지요, 순례자는 움직이며 갈구하는 陽의 이미지다.

그런데 나는 이 젊은이들의 열화의 순간을 이다지도 고요하고 성스럽게, 그러면서도 모든 격조와 섬세한 감각을 잃지 않으면서 감미롭게 표현하고 있는 셰익스피어라는 작가의 언어적 상황이 참으로 궁금했다. 과연 노련한 한 작가의 손에서 그냥 상상과 감정이입만으로 이렇게 리얼한 언어들이 쏟아질 수 있을까? 도대체 셰익스피어라는 천재는 어떠한 인간이었을까? (『로미오와 줄리엣』의 집필연대를 1595년으로 추정하면, 31세의 작품이 된다.)

최근에 한국에도 영화를 통해 선 보인 톰 스토파드(Tom Stoppard)의 명작은 바로 이러한 나의 문제의식에서 출발하고 있다. 셰익스피어의 언어는 죽어있는 상상의 언어가 아니라 살아있는 삶의 언어였던 것이다. 셰익스피어는 상상속에서 작품을 쓴 것이 아니라, 바로 젊은이의 熱火속에서 붓을 옮긴 것이다. 셰익스피어는 熱愛중이었다 ! 『셰익스피어 인 러브』(*Shakespeare in Love*) ! 자기 신분을 속이고 남장을 해서 로미오의 역을 맡은 레쎌스家의 딸 비올라와, 당시 무명의 작가인 셰익스피어는 사랑중이었다. 그 애절한 사랑, 도저히 이루어질 수 없는 사랑의 업의 굴레속에서 그의 깃털 펜은 굴러갔던 것이다. 그 감미로운 속삭임들은 모두 셰익스피어의 삶의 현실적 고뇌에서 우러나온 사랑의 고백이었던 것이다. 이것은 바로 20세기의 셰익스피어라고까지 불리우는, 우리시대의 탁월한 극작가 스토파드의 고전해석이다. 물론 이 설정은 모두 픽션이다. 그러나 이러한 픽션은 우리에게 사랑의 진실을 가르쳐준다! 사랑! 사랑! 사랑! 사랑보다 더 행복한 삶의 순간이 어디 있으랴!

언젠가 孔子(콩쯔)는 이런 말을 한 적이 있다: "나는 색을 좋아하는 것만큼 공부하기를 좋아하는 자를 아직 보지 못했다." 우리의 자녀들이 여자를(이성을) 좋아하는 것만큼, 공부를 좋아한다면 우리의 부모들은 그 얼마나 행복할까? 이런 말을 하는 孔子 역시 색골이었을 것이다. 자신의 체험이 없이 이런 말을 했을 리가 없다. 색을 좋아하는 것만큼 공부를 좋아하는 자를 아직 보지 못했다 하는 것은, 실제로 보지 못했다 함이 아니요, 그 주제를 강조하기 위한 어법이다. 즉 공자에게서도 공부함의 理想은 好色의 理想이었다. 好色의 강렬함의 자신의 체험을 기준으로 공자는 好德과 好學을 말하고 있는 것이다. 공자는 이 때 바람을 피우고 있었을지도 모른다. 많은 주석가들이 이 언급이 孔子가 衛靈公의 음탕한 미녀부인 南子를 만났을 때 즈음의 발설로 보고 있다.

그런데 사실 내 경험을 가지고 얘기를 하면 여자를 좋아하는 것만큼 공부하기를 좋아하는 것이 그렇게 어려운 것만은 아니다. 好學의 즐거움이 好色이나 好食의 즐거움에 결코 뒤지는 것이 아니다.

나는 평생 공부를 많이 한 사람으로 분류된다. 그런데 사실 공부는 재미있어서 하는 것이다. 재미가 없다면 내가 공부를 할 리가 없다. 나는 어려서부터 머리가 나쁘다고 생각했기 때문에 공부를 해야한다는 강박관념이 있었고, 또 공부를 하다보니까 공부가 재미있어진 것이다. 사실 色食의 즐거움은 너무도 짜릿하고 강렬한 것이기는 하지만, 인간은 도저히 食色만으로는 재미가 없어서 살 수가 없다. 먹기 위해서만 살고, 성교의 쾌감을 누리기 위해서만 산다고 한번 생각해보자 ! 과연 그것이 재미있을까? 과연 그것이 우리에게 지속적인 재미를 줄 수 있을 것인가? 먹는 것도, 맛없는 것을 계속 먹다가 어쩌다 美食을 만날 때 우리는 더 없는 감미로움을 느낀다. 色도 어쩌다 美色의 분위기를 만나야 즐길 수 있는 것이고, 로맨스도 뭔가 여운이 감도는 정도래야 감칠 맛이 있는 것이다. 유곽의 여인들에게 있어서 성교가 과연 무슨 재미가 있을까? 매일 매일 닥쳐오는 기나긴 밤이 지리한 엔터테인먼트의 업보라고 한다면 그것이 셰익스피어 인 러브의 로맨스는 도저히 될 수 없을 것이다.

그러나 내가 확언하건대, 공부하는 것만은 매일 매일 해도 재미있는 것이다. 최소한 食色보다 더 지속적이고 더 짜릿한 재미가 있는 것이다. 미지의 세계를 더듬는 공부의 황홀경은 사실 인디아나 존스의 갖가지 어드벤처보다도 더 짜릿하고 더 스릴이 있는 것일 수도 있다. 그것은 현실적 시공에 얽매이지 않는 무궁한 모험인 것이다. 그리고 무엇보다도 공부하는 재미는 지속적이라는 것이다. 아무리 해도 지루하지 않고, 아무리 해도 지칠 줄 모르는 것이 공부인 것이다. 그런데 모든 사람들이 나처럼만 생각하고 느낀다면 얼마나 좋으랴! 우리 한국의 부모님들께서는, 우리의 자녀들이 모두 나 도올처럼 생각하고 실천한다면 오죽이나 좋아하실까? 공부하라고 매일 매일 닥달치는 괴로움도 없을 것이요, 노상 어딜 갔다가 그렇게 늦게 들어오냐고 야단칠 시름도 없을 것이다. 왜 우리의 젊은이들은, 공부의 재미를 못 느낄까? 나 도올의 이러한 진실하고 평범한 체험담이 도무지 그들에게 설득력이 없는 것이다. 어떻게 해야 좋을까? 우리는 우리의 자녀들을 上竅(食)와 下竅(色)의 쾌락에만 방치해 두어야 할 것인가? 오는 21세기는 二竅의 세기가 될 것인가?

자아! 한번 잘 생각해보자! 이런 문제들을! 곰곰이 짚어보자! 이런 문제들을!

길거리를 지나다 보면, 요즈음의 틴에이저치고 스케이트 보드

를 안 좋아하는 사람이 없는 것 같고. HOT같은 댄싱가수그룹
의 춤같은 것을 흉내내기 좋아하지 않는 사람이 없는 것 같다.
그리고 NBA 농구선수, 마이클 죠단 흉내내며 농구코트에서 공
을 요리조리 돌리고 굴리며 벼라별 묘기를 다 부리는 것은 다반
사! 그런데 한번 생각해보자! 스케이트 보드를 잘 타는 아이
를 쳐다보는 것은 매우 즐겁지만, 실제로 그렇게 스케이트 보드
를 잘 타기까지 보드에 들인 그 아이의 공력은 시간적으로도 어
마어마한 것이지만, 그 고된 훈련의 과정이 결코 즐겁지만은 않
았으리라는 생각이 드는 것이다. 즉 열중은 했을지언정, 반드시
그것이 쾌감을 주기 때문에 그 고된 훈련의 시간을 소모하지는
않았을 것이다.

힙합댄스만 하더래도 그것이 보기는 즐거울 수 있어도, 그렇
게 즐겁게 멋있게 동작을 맞추어 자유자재로 춤을 출 수 있게되
기 까지 들이는 몸의 공력은 참으로 어마어마한 시간과 정력이
소비되는 것이다. 영화관 막간 선전에 나오고 있는 유승준군의
헤드스핀을 쳐다보면 그 정도로 몸을 놀릴 수 있는 노력이라면,
임마누엘 칸트의 『순수이성비판』도 독파할 수 있을텐데 하는 생
각이 드는 것이다.

요즈음같이 청량한 천고마비의 계절에, 강변이나 해변에서 젊
은이들이 요트를 타는 모습이나 물보라를 치면서 수상스키를 타

고 있는 모습을 보면 신이 난다. 그런데 문제는 요트를 타고 싶다고 해서 타지는 것이 아니라는 것이다. 수상스키를 타고 싶다고 해서 스키구두를 발에만 끼면은 끝나버리는 그런 얘기가 아닌 것이다. 공부를 하는 것과, 공부를 안하고 딴짓을 하는 것, 그 양자는 매우 다른 인간의 행위인 것처럼 보이지만, 알고 보면 지극히 공통의 한 측면을 가지고 있다. 즉 노력과 시간과 훈련의 기간이 필요하다는 것이다.

공부를 안하고, 노는 일조차, 노력과 시간과 훈련이 필요하다는 것이다. 그런데 왜 요즈음 젊은이들은 스케이트 보드나 힙합에는 그 쓰잘데 없는 시간과 정력을 소비하면서, 그 시간을 공부에는 쏟질 않는가? 분명 공부하는 것이 스케이트 보드보다는 더 확실한 효과가 있고, 더 지속적이고 더 다양한 재미를 줄 수 있으며, 더 확실한 삶의 가치와 보람을 확보해준다는 것은 너무도 명약관화한데, 우리의 자식들은 왜 이것을 모를까? 아무리 발을 동동 구르며 안타깝게 외쳐봐도 소용없는 것이다. 젊은이들은 역시 "孔子曰 孟子曰"이나 "임마누엘 칸트"에게 보다는, "스케이트 보드"나 "힙합," "테크노 댄스"로 가고 있는 것이다.

내가 생각하기에 립씽크 힙합보다는 공부가 확실히 더 재미있는 것이다. 그런데 이런 나의 말을 액면 그대로 받아들이면 안된다. 내가 공부가 재미있다고 말하는 것은, 그냥 공부가 재미있는 것이 아니라, 공부를 재미있게 느낄 수 있게 되기까지 재미없고 지루할 수도 있는 훈련의 기간을 포함한다는 사실이다. 힙합을 자유자재로 추는 것은 재미있지만, 그 자유자재로움에 도달하기까지는 결코 즐거울 수만은 없는 시간과 정력이 소요되는 것과 매우 동일한 이치이다. 그런데 이러한 문제에 대한 우리의 분석의 최종 결론은 이러하다. 힙합을 배우는 과정과 공부를 배우는 과정을 비교하면, 역시 공부를 배우는 과정이 더 어렵고, 더 시간이 많이 걸리며, 더 지루하게 느껴지며, 무엇보다도 인간을 집중하게 만드는 흡인력이 부족하다는 사실이다.

힙합이나 스케이트 보드는 그 습득과정이 재미없을지라도 사람을 집중하게 만드는 힘이 있다는 것이다. 컴퓨터는 더 말할 나위도 없다. 이러한 분석에 있어서 우리가 최종적으로 점검해야 할 사실은 바로 우리가 그냥 공부라고 말해온 내용, 즉 인간의 지식이라고 부르는 이 사태의 본질적인 정당성에 관한 것이다. 과연 지식이 인간에게 절대적으로 필요한 것인가? 지식의 습득과정이 우리의 젊은이들에게 스케이트 보드나 힙합만큼도 매력을 지니지 못하는 것이라면, 과연 그러한 지식이 우리 인간의 삶에 어느 정도 정당한 가치를 지니는 것일까? 인간이 꼭 지식을 추구해야만 훌륭해지는 것일까?

여기 지나온 20세기를 반성해 볼때, 나는 단언한다. 지식

(Knowledge)이 삶(Life)과 대적적(antithetical) 관계를 유지해왔으며, 지식이 권위체계로서 삶 위에 군림해왔다는 것이다. 내가 산 세기를 회고해 볼 때, 나는 아무런 생각의 점검도 없이 무조건, 임마누엘 칸트를 모르면 병신취급 받는다는 압박감속에서 살았다. 다방에서 오바깃털을 세우며 커피향을 후후 불어가며 최소한 사르뜨르나 하이데가 정도는 씹어대야만 가오가 서는 삶을 살지 않을 수 없었던 것이다. 나의 삶의 모든 고통을 감내하고서라도, 나의 삶의 모든 요구를 희생시키더라도 칸트나 하이데가를 알아야만 한다는, 검증되지 않은 강박관념속에 반세기를 산 것이다. 그러나 요즈음의 젊은 아이들에게는 이러한 나의 강박관념이 말소되어 버린 것이다. 삶 앞에 지식이 권위적 존재로서 군림하고 있지 않은 것이다. 풍요의 덕분일까?

21세기의 제3 주제로서 내가 말한 이 지식과 삶의 화해라는 문제는 인류문명사의 매우 다양한 측면을 포섭하는 문제이다. 바로 이 지식의 정당성에 관하여 가장 본원적인 질문을 제기하고 있는 고전이 바로 이 『노자』五千言인 것이다.

여기에 우리가 요청해야 하는 것은 지식과 삶의 화해의 문제다. 과연 나는 이성의 문제를 알기 위해, 그 난해한 언어로 쓰인 임마누엘 칸트의 『순수이성비판』을 이해하느라고 몇년 아니 몇십년의 세월을 투자해야만 하는가? 오는 21세기에도, 앞으로

100년 후의 조선의 대학생들에게도, 『순수이성비판』이 古典의 자격을 가지고 있을 것인가? 그렇다면 칸트는 전혀 공부할 필요가 없는가? 오늘날 우리나라 대학의 카리큐럼을 둘러싼 모든 문제들이 이러한 본원적인 질문에 대한 명쾌한 비젼이 없이 우왕좌왕하는데서 생겨나는 과도기적 표류현상이다. 교육부는 암암리 자본주의적 효율성의 기준에 의해 학문 그 자체를 터무니 없이 천박하게 만드는 것만을 개혁이라고 착각하고 있는 것은 아닌지? 그렇다고 보수적인 인문학이나 자연과학의 주장이 그대로 21세기에도 지속적인 정당성을 지닐 수 있을 것인지?

우리가 이러한 주제와 관련하여 마지막으로 고민해야 할 또 하나의 문제는 지식의 도덕성에 관한 문제다.

최근 "복제 양 돌리"의 문제를 두고, 또 유사한 사태의 무궁한 발전가능성을 전제로 전 세계적으로 갑론을박이 끊이지 않았다. 과연 인간의 지식이 모든 것을 다 알아낼 수 있고, 모든 꿈을 다 실현시킬 수 있다해서 우리는 지식의 진보에 따라 되는대로 다 캐내고 다 현실화시키면 되는 것인가? 유전자 조작이 쉽게 가능해진다고 해서, 수십억만년을 통하여 형성되어온 DNA의 배열을 하루아침에 바꾸는 것이 과연 지식의 도덕성인가? 지상의 배추와 지하의 무를 결합시키는 무추의 생산이 마음대로 가능해지고, 미꾸라지 하나도 가물치보다 더 큰 거대종자로 개종하는 것이 마음대로 가능하다고 해서 과연 "생산성"의 이름아래 그것을 그렇게 조작하는 것이 과연 인간지식의 위대한 진보의 도덕적 결과인가? 무와 배추가 아무 탈 없이 엄존하는데, 왜 구태여 무추를 만들어야 하는가? 미꾸라지는 몇백만년을 우리와 같이 살아온 그 모습대로 얼마든지 진흙속에 뒹굴고 있거늘, 100마리분의 고기를 한마리 사육으로 얻기위해 과연 거대 미꾸라지종자를 만들어야만 하는가? 국가예산을 낭비하면서 그따위 조작이나 하고 앉아있는 사람들을 우리는 과연 과학자라고 불러야 하는가? 그따위 과학자들을 만드는 것이 과연 우리자녀들을 공부시켜야 하는 소이연일까?

인간의 지식은 시대에 따라 그 양태가 달라진 것이다. 20세기에 우리가 콤플렉스를 느낀 지식의 양태는 모두 이 "과학"이라는 한 마디로 집약되는 것이다. 인문과학·사회과학·자연과학·예술과학…… 과학 아닌 지식이 없는 것이다. 그러나 19세기 말까지만 해도 우리의 지식이라고 하는 것, 즉 독서를 한다고 하는 것은 모두 오늘의 개념으로 말한다면 "고전학"에 불과했다. 그것은 전혀 과학(사이언스)이 아닌, 十三經이라고 하는 유가경전의 습득이었다. 그리고 그러한 지식의 체계만으로도 우리는 우리의 문명을 충분히 운용할 수 있었던 것이다.

21세기에 과연 과학이라고 하는 지식체계가 20세기와 같은 권위를 확보할 수 있을 것인가? 사실 우리가 과학이라고 하는 지식체계에 대해 강박관념을 가지지 않을 수 없는 것은 바로 과학이 생산하고 있는 현실적인 문명의 힘 때문인 것이다. 그것의 도덕적 가치때문이 아닌 것이다. 그런데 이 과학이라고 하는 정보체계가 점점 보편화되어 가고 있는 이 시점에서 과연 과학이라고 하는 지식의 한계는 설정되지 않아도 좋은 것인가? 이러한 모든 문제에 관하여 나는 독자들의 현명한 판단을 갈구한다. 결정적인 판단을 내릴 수 없을지라도 우리의 먼 훗날의 자녀들을 위하여 사려깊은 생각을 한 사람들이 되어주기를 바라는 것이다.

『老子道德經』이라고 하는 책

　　『老子道德經』이라는 것이 이 책의 원래의 이름은 아니다. 老
子라는 사람이 지었다고 해서 옛날에는 그냥 『老子』라고 불렀
다. 그러니 『老子』라는 이름이 아마도 가장 오래된 이름일 것이
다. 그런데 이 『老子』는 두 篇으로 이루어져 있는데, 한 편은
道라는 개념을 중심으로 해서 쓰여졌고, 한 편은 德이라는 개념
을 중심으로 해서 쓰여졌다. 그러니 「道篇」, 「德篇」의 이름이
가능하다. 傳本에 따라 道篇이 앞에 오기도 하고, 德篇이 앞에
오기도 한다. 그러니 『老子』라는 책의 별명으로 『道德』도 가능
하고, 『德道』도 가능하다. 그런데 후대에 내려오면서 이 『道德』
에 "經"의 권위를 부여하게 되었다. 그래서 『道德經』이라고 부
르게 되었다. 중국의 唐나라는 이 老子의 본명이 李氏라고 생각

했고, 唐나라의 皇室과 宗親관계라고 생각했다. 그래서 老子를
매우 존숭했다. 그래서 우리나라도 三國時代때 이미 唐나라 황
실로부터『老子道德經』을 전해 받았던 것이다.

『老子』라는 책의 저자인 老子는 누구인가? 老子는 "늙은 선
생"(Old Master)이라는 뜻이며 그것이 곧 그 저자의 정확한 이
름은 아닐 것이다. 이 老子라는 인물에 관하여, 司馬遷이라는
유명한 역사학자는 자신이 지은『史記』라는 역사책 속에 역사
적 인물의 전기를 모은「列傳」이라는 부분에서 "老子列傳"
(Biographies of Lao Tzu)을 지어 남기었는데, 그 列傳에서
조차 老子가 누구인지를 확실히 말하지는 못했다. 老子라는 인
물에 관하여 내려오는 여러 이야기들(傳承)을 있는 그대로 다
실어 놓았을 뿐이다. 그러니까 司馬遷의 시대에(漢나라 武帝 때
사람, BC 2세기) 이미 老子라는 인물은 오리무중의 인간이었다는
것이다.『老子』라는 책이 존재한다면, 분명『老子』라는 책의
저자는 있을 것이다. 그러나 문제는 이와같이 간단치 않다. 우선
『老子』라는 책 자체의 존재가 역사적으로 복잡한 구조를 가지
고 있기 때문이다.

우리가 古典을 대할 때, 佛經이든, 기독교 성경이든, 유가경전
이든, 춘추제가 경전이든, 우리가 현재 시중에서 사볼 수 있는
책의 모습이 곧 그 옛날의 책의 모습이라고 생각하는 것은 매우

유치한 생각이다. 기독교 성경만 해도 지금 우리가 바라보고 있는 신약성경과 로마시대의 사람이 보았던 신약성경은 그 문자내용이 매우 다르다. 모든 고전이 옛날 어느 정확한 시점에 정확히 한사람에 의하여 쓰여져서 그 모습대로 오늘날까지 전해내려온 예는 거의 없다. 우선 옛날에는 요새와 같이 "인쇄"라고 하는 책의 유포방식이 없었다. 모두 가죽이나 비단이나 대나무나 파피루스 같은데에, 펜이나 붓으로 쓰거나, 칼이나 인두로 판 것이다. 그러니까 쓰는 사람마다 몇글자씩 달라지는 것은 물론, 착간, 누락, 첨가, 삭제, 유실 등등의 변화가 반드시 일어나게 마련이다. 오늘날 우리가 말하는 고전은, 모두가 근세에 와서(宋代 이후) 인쇄술이 발달한 이후에 하나의 판본을 정해 정본으로 약속한 것이다. 그래서 고전이라고 부르는 많은 것들이 후대에 날조된 것도 많다. 조선말기에 성립한 책들을 가지고, 단군시대의 책이라고 주장하는 어리석은 이야기들이 이러한 날조의 대표적 사례이지만, 이러한 날조는 이미 漢代를 거슬러 올라갈 수도 있다.

『老子』는 단행본으로 存在한 것이 매우 오래된, 그 정확한 추정이 가능한 희귀한 책중의 하나로 손꼽힌다. 아주 확실하게 말하면 오늘 우리가 바라보고 있는 『老子』와 거의 유사한 책이 신약성서가 쓰여진 시대보다, 최소한 300년을 앞서 實在했다는 것이 고고학적으로 입증되고 있다. 이것은 매우 중요한 사실이다.

1973년 11월부터 1974년 초에 이르기까지 中國의 湖南省 馬王堆(마왕뛔이)라는 곳에서 漢墓를 발굴했는데 그 3호분묘에서 대량의 帛書가 나왔다. 帛書(백서)라는 것은 비단에 먹과 붓으로 쓴 책을 말한다. 이 백서중에 바로 오늘날의 『老子』책과 그 내용이 거의 비슷한 『老子』帛書가 2종이 나왔는데, 小篆체로 쓰인 한 종을 보통 甲本이라 하고, 隷書체로 쓰인 한 종을 乙本이라 한다. 甲·乙本이 모두 오늘날의 "道德經"이 아닌 "德道經"의 체제로 되어 있으나 그 내용은 오늘날 우리가 볼 수 있는 『道德經』과 큰 차이가 없다. 한 80% 이상이 대강 일치하는 것이다. 그런데 이 三號분묘에 묻힌 연대를 우리는 확실히 알 수 있다. B.C. 168년이다. 이 『老子』 비단책은 여기 묻힌 軑侯利蒼의 아들이 생전에 보았던 抄本이었던 것이다.

그런데 이 백서의 출현으로도 老子라는 사람을 아는데는 큰 도움이 되질 않는다. 그리고 이 백서의 출현이 오늘날 우리가 보고 있는 『老子』책의 권위를 추락시키지는 않았다. 오히려 중국의 古典이 얼마나 그 傳寫의 역사가 정확한 전승을 지키고 있는가 하는 것을 입증하여 주었다. 그런데 최근에 더욱 놀랄 일이 하나 생겼다.

1993년 10월, 湖北省 荊門市 沙洋區 四方鄕 郭店村에 자리 잡고 있는 戰國시대의 분묘 하나를 발굴했는데, 그곳에서 804

개나 되는 竹簡(문자가 새겨진 대나무 쪽)에 쓰여진 一萬三千여 글자의 문헌이 발견된 것이다. 그런데 이 모두가 매우 심각한 개념성의 학술저작인 것으로 보아, 아마도 이 분묘주인 자신의 라이브러리가 같이 묻힌 듯 한데, 그렇다면 이 분묘의 주인은 대단한 사상가였을 것이다. 부장품중에 "東宮之師"라는 銘文이 새겨져 있는 컵이 있는 것으로 보아 이 분묘의 주인은 楚나라의 太子의 선생이었을 것으로 추정되는데, 孟子와 동시대며 孟子보다 약간 나이가 많은 楚나라의 사상가 陳良의 묘로 비정하는 說까지도 제기되었다.(陳良은 『孟子』「滕文公上」에 나온다.)

대부분의 문헌이 유가저작으로 구성되어 있는데, 죽간 중에 도가저작으로서 『老子』三篇과 『太一生水』一篇의 2종이 포함되어 있다는 획기적인 사실이 우리의 주목을 끄는 것이다. 이 분묘는 下葬시기의 하한선이 B.C. 300년 경이므로, 이 분묘속의 竹簡은 모두 B.C. 300년 이전의 통용연대를 확보하는 것이다. 그러니까 馬王堆의 帛書보다 연대가 근 두세기까지를 소급할 수 있다. 내가 생각하기에 이 "郭店楚墓竹簡"이라고 부르는 이 문헌들은 중국의 戰國時代의 사상사를 재구성하는데 매우 결정적인 역할을 할 수 있는 아주 생생한 근거를 제시한다고 본다. 戰國時代 중엽의 제1차 자료를 지금 우리가 우리의 肉眼으로 볼 수 있다고 하는 것은, 전문가가 아닌 사람들에게 그 감흥이 전달될 수 없겠지만 참으로 놀라운 것이다. 이 문헌에 비정하여 많은 다른 문헌의 문제점을 비교검토함으로써 중국고대사상에 관하여 보다 정확한 추측이 가능할 수 있게 되는 것이다. 사실 郭店의 출토로 요즈음 중국철학계는 구설에 안주할 수 없도록 새로운 아이디어들이 바쁘게 돌아가고 있는 것이다.

『老子』의 문제만 하더라도 이 郭店(꾸어띠엔)의 竹簡本이 馬王堆(마왕뚸이)의 帛書本보다 문헌학적으로 훨씬 더 중요한 의미를 지닌다. 馬王堆의 帛書本은 기본적으로 현존하는 今本의 정당성을 강화시켜 주며, 판본의 많은 문제점을 해결하여 주는 서지학적 보조자료의 역할이 그 主效用이었다. 그러나 郭店의 竹簡本은 今本의 정당성 자체를 회의케하며, 오늘 우리가 생각하는 『도덕경』이라는 문헌의 성립과정에 대해 매우 결정적인 새로운 가설을 가능케한다.

郭店竹簡本(약칭하여 "簡本"이라 한다)은 甲·乙·丙 三組로 나누어져 있다. 甲組의 것은 길이 32.3cm짜리 39枚로 되어있고, 乙組의 것은 30.6cm짜리 18枚, 丙組의 것은 26.5cm짜리 14枚로 구성되어 있다. 그리고 그것은, 帛書가 오늘날 우리의 한문지식으로도 쉽게 식별할 수 있는 소전체와 예서체로 되어있는데 반하여, 우리의 눈으로 보아 쉽게 식별하기 어려운 楚나라의 독특한 字體로 되어있다(戰國中期의 古體의 특징을 보여준다). 그리고 帛書의 경우 甲·乙本이 동일한 내용의 중복되는 두 세트의 문헌임에 반하여, 이 簡書의 경우는 甲·乙·丙의 내용이 거의 중복되지 않으며 그것을 다 합치면 오늘날 우리가 보고 있는 『도덕경』 문헌의 5분의 2 정도의 분량을 형성한다. 그리고 簡本의 내용이 대부분 오늘날 今本에 있는 내용이지만, 그 章節의 체계가 今本과 크게 다르다는 사실이다.

혹자는 이 묘소가 이미 도굴된 사실이 있으며, 『老子』 簡本이 完整하지 못한 것은 일부가 도둑맞았기 때문이라고도 주장하지만 대부분의 고증가들이 그러한 결론에 도달하지는 않는다. 바로 今本의 5분의 2를 형성하는 簡本의 내용이야말로, 성서문헌학에서 말하는 복음서의 "Q자료"처럼, 『도덕경』의 가장 오리지날한 고층대를 형성하는 문헌일 것이라고 우리는 비정할 수 있는 것이다.

그렇지만 이 簡本의 문제는 간단치가 않다. 甲本과 丙本간에 今本의 64장 下半部分이 중복되어 나오고 있으며 그 문자의 표현방식이 다르기 때문에, 역시 甲·乙·丙本이 합쳐져서 하나의 完整한 텍스트를 이룬다기 보다는 제각기 다른 전승의 抄寫本으로 간주될 수밖에 없다는 결론에 이르게 만든다. 다시 말해서 甲·乙·丙의 어떤 프로토 텍스트가 있다는 가정을 하지 않을 수 없게 만든다. 甲本과 丙本 두 텍스트 간의 문자를 비교해 보면 甲本이 丙本보다 오래된 抄本임을 알 수 있다. 兩本은 그

傳承이 다른 것이다. 그러나 대체적으로 甲·乙·丙을 합친 내용이 『老子』라는 프로토 텍스트의 모습에 가까운 것일 것이라는 가설은 유용하다. 그러나 甲·乙·丙本이 모두 다른 전승의 소산이라고 한다면 『老子』연구는 매우 복잡한 양상을 띠지 않을 수 없는 것이다.

그러나 불행하게도 본 강의는 대중강연이다. 『老子』라는 문헌에 대해 전문적인 지식을 이미 소유하고 있는 사람들 사이에서 진행되는 학술세미나가 아니다. 그리고 본 강의의 취지 자체가 『老子』의 생각을 전달하려는 것이지, 『老子』라는 문헌의 전문적 분석결과를 전달하려는 것이 아니다. 그러므로 이러한 서지학적 논쟁이 매우 중요한 것이기는 하지만, 그것은 너무도 전문적인 지식을 요구하는 것이며 여기 소개되어야 할 하등의 필요를 느끼지 않는다. 郭店楚簡本 『老子』를 살펴 본 나의 소감중에 가장 의미있는 사실은, 그것이 『老子』라는 책의 형성과정에 대해 매우 설득력있는 새로운 가설을 가능케 한다는 것이다. 그리고 이것은 내가 臺灣大學에서 석사논문을 쓸 때부터 주장해왔던 학설들과 대강 일치하는 것이다.

孔子와 동시대 쯤에, 老子라고 하는 어떤 X의 역사적 인물이 있었고, 그 인물이 단일 저작물로서 『老子』라는 책을 썼다고 한다면, 그것은 오늘날의 『老子』와는 다른 모습이면서도, 그 배태를 형성하는 매우 질박한 사상형태였을 것이다. 그것은 오늘날과 같은 현묘한 형이상학적 인식론의 체계나, 지나친 정치철학적 주장이나, 유가철학이나 他諸家에 대한 명백한 비판의식을 수반하는 것이 아닌 질박한 내용의 것이었다는 것이다. 그것이 한 이·삼백년 동안의 첨삭을 거치면서 발전하여 전국말기쯤에는, 오늘 우리가 보는 今本과 상응되는 새로운 프로토타입으로 되었을 것이라는 것이다. 전국말기의 사상가며 『老子』의 최초의 주석가인 韓非子가 보았다고 하는 『老子』는 바로 帛書의 모습에 가까운 것이며, 내가 말하는 프로토타입의 문헌에 상당하는 것이다. 그것은 『道德經』이 아닌 『德道經』이었다.

그럼 오늘 우리가 보는 『老子』 今本은 무엇을 기준으로 하는가? 그것이 바로 王弼(왕 삐)이라고 하는 천재적 사상가가 주석을 단 판본을 말하며 보통 "王本"이라고 지칭한다. 왕필(왕 삐)이라는 사람은 A.D. 226년에 낳아서 A.D. 249년에 죽은 魏나라의 천재적 사상가였다.

그런데 여기 연대를 한번 잘 계산해 보라 ! 몇살에 죽었는가? 만 23살에 죽었다. 23살? 모차르트는 몇살에 죽었는가? 그래도 모차르트는 결혼도 했고 35살까지 살다 죽었다. 그럼 23살에 죽은 청년이 언제 무슨 사상을 구축할 수 있었던 말인가? 왕필이 『老子』를 주석한 것은 16살의 일로 추정되고 있다. 그러니까 요즈음 나이로 중학교 3학년 정도의 소년이다. 그러나 이 소년 왕필의 『老子』주석은 거의 중국 전 역사를 통털어 가장 탁월하고 가장 심오하고 가장 널리 읽히는 주석으로 꼽히고 있다.

왕필이 활약한 시대는 『三國誌』의 조조, 유현덕 같은 사람들이 활약하던 시대와 비슷하다. 왕필이 태어난 다음 해 3월에 諸葛亮이 그 유명한 出師表를 올리고 魏를 쳤으니까──. 우리나라로 치면 신라·고구려·백제가 흥기하면서 서로 충돌을 일으키던 三國初期에 해당되는 시기다.

모차르트와 같이 10대에 이미 탁월한 음악가가 된다는 것은 요즈음 우리나라의 음악천재들을 보아도 이해가 갈 수 있다. 그리고 10대에 세계적인 수학자들이 배출된다는 것도 쉽게 이해가 간다. 그러나 10대에 인생에 대해 쓴맛·단맛을 다 겪고 인간과 우주에 대한 모든 통찰을 거쳐야 나올 수 있는 심오한 철리의 大家가 된다는 것, 그것도 當代의 인간들에게도 쉽게 접근이 될 수 없었던 難解한 문헌이었던 古經의 대가가 된다는 것, 그것도 보통 大家의 수준이 아니라 그 수천억의 인구가 살고 죽고 했던 중국땅덩어리의 역사 전체를 통하여 가장 위대한 사상가가 된다는 것, 그것도 10대에, 그것은 아무래도 우리의 상식으로 쉽게 풀리지 않는다.

신비를 좋아하는 사람들, UFO를 좋아하는 사람들, 에집트의 피라밋을 놓고, 나즈카의 지오글립스를 놓고 스페이스 커넥션을 이야기하기를 좋아하는 사람들은 뭔가 古代史의 신비가 인간적 상식에 의해 풀리는 것을 공포스러워한다. 그리고 자기들의 희한한 가설에 인류가 호기심을 기울여 주는 것을 자기들의 종교로 삼는다. 그러나 왕필은 조금도 그러한 신비의 인물이 아니다. 왕필을 보면 인간의 가능성의 위대함에 고개가 숙여진다. 왕필의 성장과정은 정확하게 추정가능하며, 그는 당대의 최고의 라이브러리였던 "蔡邕의 萬卷之書"를 물려받은 書香之家에서 태어났으며 어려서부터 당대의 석학들과 高談淸論을 일삼았다. 무엇보다도 왕필이라는 존재를 가능케 했던 것은 三國時代라고 하는 변혁기·혼돈기의 창조적 자유의 분위기였다. 나이를 불문하고 실력자를 실력자로서 대접하는 비권위주의적 분방함이 확보되지 않은 시대였더라면 왕필은 태어날 수가 없었을 것이다.

지금 그 어느 권문세가 이 사회의 리더들이 열살짜리 석학을 모셔다 그의 강론을 듣고 心服을 할 것인가? 그의 시대는 곧 阮籍, 嵇康과 같은 竹林七賢의 기괴발랄하고 자유분방한 행동들이 상식으로 받아들여지는 새로운 로맨스의 시대였고, 그러한 로맨스는 智巧에 찬 俗塵을 부정하고 自然의 純朴을 영탄하는 陶淵明의 "귀거래사"와 같은 詩境으로 이어지고 있는 그러한 시대였다.

왕필이『老子』를 주석했다 하는 것은, 요새 우리가 고전을 주해하는 책을 쓰는 것과는 좀 개념이 다르다. 우리는 기존의 텍스트가 대부분 이미 正本化되어 있기 때문에 그 텍스트를 전제로 해서 주해를 단다. 그러나 왕필이『老子』나『周易』을 주해했다 하는 것은, 그때까지 내려오던 다양한 전승의 텍스트 그 자체를, 자기의 주석적 견해의 일관성의 틀 속에서 정비하고 재구성하는 작업을 포함한다. 왕필은 물론 이러한 작업을 텍스트의 "왜곡" 이라고 생각치 않았다. 왕필의 손에서 일어난 텍스트의 변형 내지 왜곡에 관하여 나는 매우 새로운 견해들을 가지고 있다. 그러나 나는 이러한 견해들을 여기 피력할 생각은 없다. 그 또한 너무도 충격적이고 너무도 전문적인 논의를 필요로 하기 때문이다. 단지 우리가 현재『노자도덕경』이라고 부르는 것은 일단 왕필이라는 어린, 그렇지만 만고의 걸출한 사상가의 손에서 변형된 텍스트이며, 대강 우리의『노자도덕경』의 이해의 틀도 왕필의 玄學的 분위기 속에서 이루어지지 않을 수 없다는 대전제를 확실히 고백하지 않을 수 없다는 것을 여기 피력하는 것으로 우리의 논의는 충분하다는 것이다.

그렇지만 王本의 가치는 근 두 밀레니엄 동안 인류의『노자』 이해의 다양한 틀을 형성해온 것이며, 어떠한 타 판본의 재해석에도 불구하고 독립적인 가치가 인정된다는 것을 밝혀둔다. 그리고 王本의 텍스트는 帛書나 簡本과는 다른 또 하나의 傳承의 소산일 가능성이 높다. 王本 텍스트의 독립적 가치는 마치 산스 크리트 원본의 『바즈라 쩨디까 수뜨라』가 엄존하는데도 불구하고, 오히려 『금강경』하면, 꾸마라지바(鳩摩羅什)의 漢譯本 텍스트가 더 총체적인 금강의 지혜의 이해의 틀을 형성해온 것과도 같다. 우리의 『老子』강해는 바로 이 王本의 해석으로부터 출발하지 않을 수 없는 것이다. 그러나 전문적인 학도들은 帛書나 簡本에서 제기된 많은 문제들을 비교적으로 검토·파악하는 자세를 잃어서는 아니될 것이다. 나 역시 王本을 해석해가는 과정에서 帛書와 簡本의 연구성과를 도입할 필요가 있을 때는 그를 충분히 반영하도록 할 것이다. 王本에 문제점이 발생할 때, 帛書나 簡本의 기준이 더 진실하다고 판명되면 물론 새 자료에 의하여 王本 텍스트의 의미를 정확히 형량해야 할 것이며, 王本 텍스트의 정정이 요구될 때는 그를 정정하는 것이 당연한 학문적 자세일 것이다. 나의 요번 『老子』강해는 1999년까지의 세계적으로 노출된 모든 정보를 종합하는 가장 새로운 『老子』강해가 될 것이라고 확신한다. 나는 四部集要 子部에 수록된 가장 흔한 淸代의 華亭張氏本 王弼注 『老子道德經』을 나의 강해의 저본으로 삼았다.

『노자』는 한마디로 지혜의 서이다. 그것은 어떤 종교의 교리를 말하거나, 어떤 물리적 사태의 규명을 목적으로 하거나, 우리에게 특정한 교훈이나 가치규범을 강요하거나 하기 위한 책이 아니다. 서양의 전통에 있어서 "지혜"란, 신과 인간을 매개하는 무엇이다. 그러나 그러한 지혜란 근원적으로 "무당의 지껄임"이다. 동양에서 말하는 지혜란 그런 것이 아니다. 신이란 전제도, 인간이란 전제도, 지혜 앞에선 성립하지 않는다.

지혜란 우리 삶의 과정적 행위의 지혜이다. 그런데 지혜의 특징은 일체의 권위적 실체를 전제로 하지 않는다는 것이다. 지혜는 어떠한 경우에도 "무전제"인 것이다. 지혜는 개념적 분석의 소산이 아니다. 그것은 분별적 지식을 뛰어 넘어 우리의 몸으로 궁극적 실상을 있는 그대로 보고 느끼는 것이다. 따라서『老子』는 미리 공부할 필요가 없다. 그것은 공연히 선입견만 불어넣을 우려가 크기 때문이다.『노자』는 공부하는 책이 아니라, 그냥 부담없이 정직하게 느끼는 책이 되어야 하는 것이다.『노자』에게서 무엇을 구하려 하지 말 것이며,『노자』에게서 무엇을 배우려 하지 말 것이다. 그냥 그가 말하는 것을 빈 마음으로 따라가다 보면, 그것이 곧바로 나의 삶의 바른 가치의 한 측면임을 깨닫게 될 것이다.

老子道德經上篇

一章

道可道，非常道；
도가도, 비상도;

名可名，非常名。
명가명, 비상명.

無名，天地之始；
무명, 천지지시;

有名，萬物之母。
유명, 만물지모.

故常無欲以觀其妙，
고상무욕이관기묘,

常有欲以觀其徼。
상유욕이관기교.

此兩者同，
차양자동,

出而異名。
출이이명.

同謂之玄，
동위지현,

玄之又玄，
현지우현,

衆妙之門。
중묘지문.

첫째 가름

도를 도라고 말하면
그것은 늘 그러한 도가 아니다.
이름을 이름지우면
그것은 늘 그러한 이름이 아니다.
이름이 없는 것을
천지의 처음이라 하고,
이름이 있는 것을
만물의 어미라 한다.
그러므로
늘 욕심이 없으면
그 묘함을 보고,
늘 욕심이 있으면
그 가장자리만 본다.
그런데 이 둘은
같은 것이다.
사람의 앎으로 나와
이름만 달리했을 뿐이다.
그 같은 것을 일컬어
가믈타고 한다.
가믈고 또 가믈토다!
모든 묘함이
이 문에서 나오지 않는가!

説老 1972년 여름, 나는 드디어 유학의 장도에 올랐다. 때마침 내 책상 한 구석에 쑤셔박혀 있는 옛날 여권을 뒤적거려 보니까 臺北 쏭산 비행장, 入境도장이 1972년 8월 11일로 찍혀있다. 참 눈물겨웠던 여권이다. 나의 청춘의 모든 꿈을 간직했던 小冊이라고 해야 할까? 지금 누렇게 바래버린 이 여권 하나를 얻기 위해 그때는 얼마나 피눈물나는 노력을 했어야만 했던가?

나의 비행기가 타이뻬이 시내를 누비며 고도를 낮추었을 때, 내가 처음 본 이국의 모습은 무언가 우울했다. 비가 부슬부슬 내렸고, 구중중한 느낌이 드는데 사방에서 독특한 중국인의 쌔리한 내음새가 풍겼다. 하여튼 그렇게해서 나는 臺灣大學엘 갔고, 야자수가 늘어선 시원한 교정의 대로를 걸어 들어갔다. 나의 고전학에 대한 열망의 여정은 이렇게 시작되었다.

이렇게 우울한 남방의 늦여름, 매일 비가 구중중하게 내리고, 관절염으로 습기라면 질색하던 나의 몸둥아리는 다시 쑤셔대기 시작할 즈음, 나는 그곳에서 지금 나의 아내, 崔小姐(췌이 샤오지에)를 만났다. 중국학생들 사이에서 "빠이빠이팡팡더"라는 별명이 붙었던 崔小姐는 너무도 발랄하고 하이얗고 아름다운 선배였다. 나보다 유학을 4년이나 먼저 가 있었던 고참 선배였다. 우리의 만남은 우연하게 그렇지만 필연적이었던 것처럼, 그러면서 매우 조심스럽게 이루어졌다. 물론 결혼전의 일이다. 최소저는 나에게 학교 근처의 영화관 하나를 소개했다. 최소저는 대만의 지리와 풍물에 밝았던 선배였고 나는 남방풍토에 아직 익숙치 못한 풋내기였을 뿐이다. 모든 것이 신기했다. 최소저가 길거리 지나가다 파란 과일을 몇 개 사더니 그 자리에서 껍질을 까니, 향기가 진동하고 그 속엔 말캉한 과일이 초록껍질과는 대조적으로 바알간 색깔을 드러냈다. 우아 ! 귤이었다 ! 계절이 바뀌면서 첫 선을 보였던 푸르고 싱싱한 귤껍질을 벗겨대는 그녀의 손놀림 하나하나가 경이로왔던 것이다. 그때만 해도 한국에선 귤 구경을 하기가 힘들었다.

우리가 간 곳이 "똥난야시위앤"(東南亞戲院)이라는, 대만대학생들이 잘 가는 극장이었다. 그 앞에 즐비하게 널려져 있던 노점상들, 큰 도라무통 같은데다가 달걀을 잔뜩 집어넣고 찻잎과 간장국물로 바글바글 끓이고 있는 모습들이 참 이색적이었다. 그렇게 비좁은 길들을 헤치고 난생처음 들어가 본 외국극장 ! 중국의 젊은이들이 가득 찬 객석의 느낌은 옛날 내가 자주 가던 삼선교의 동도극장에 앉아있는 듯한 어지러운 느낌을 주었지만 때마침 보게된 영화는 내 평생 두고두고 잊지못할 명화였다. 우연히 외국나간지 며칠도 안되어 처음 들어가 본 영화, 중국어자막이 밑에 깔리는 것도 매우 이색적이었지만 나는 곧 그 영상속에 무아지경으로 빨려 들어갔다. 제목은 "屋頂上的小提琴"! 바로 "피들러 온 더 루프"(Fiddler on the Roof)라는 이름의, 러시아 다이애스포라에서 사는 유대인의 애환서린 파란만장한 가족사를 그린 작품이었다. 우리시대의 많은 사람이 이 『지붕위의 바이올린』을 기억할 것이다. 사실 나는 지금 이 작품의 스토리를 정확하게 기억하지 못한다. 20세기 영화사상 그 찬란한 이름이 빠질 수 없는 뮤지칼명화임에는 틀림이 없다. 자봉틀 하나를 마련하기 위해 뼈빠지게 고생하던 딸 사위! 자봉틀을 사서 손으로 굴리는 그 바퀴가 돌아갈 때 감격의 눈물을 흘리던 그들이 기억난다. 하나 둘씩 사랑하던 자식들이 연애를 하고 결혼을 하고 떠나간다. 어느 장면에선가 막내까지 결혼식을 올리고 난 노부부, 뚱뚱한 부인과 노신사는 환갑이 넘은 자신들의 삶을, 결혼식의 소음이 다 지나간 정적의 공허한 자리에서 문득, 번개같이 회고한다. 그리고 그 노신사는 늙은 아내에게 외친다: "우리는 왜 저 아이들처럼 사랑한다는 말 한마디도 해 볼 수 없었는가? 우린 과연 사랑한다는 그 한마디를 단 한번이라도 말해본 적이 있었던가?" 부인은 소리없이 수줍은 눈물을 떨구며 고개를 저민다. 나의 희미한 기억속에도 각인되어 남아있는 인상적이었던 이 장면은 바로 이들의 최초의 사랑의 고백장면이었던 것이다. 그 많은 자식을 낳아 소리없이 키우느라, 손바닥 발바닥이다 닳도록 쉴새없이 노동하면서 박해를 받아가면서 살아야 했던 그들, 정말, 정말, 깊게 사랑하고 산 그들이었지만 "사랑한다"라는 단 한마디의 말을 해볼 여유가 없이 산 그들이었다. "우리는 사랑한다 말해 본 적이 있는가?" 사실 우리 동양인들의 모든 선남자 선여인의 삶은 이렇게 이루어져왔던 것이다.

똥난야시위앤의 어둠과 빛속에서 서로를 훔쳐보며 다소곳이 얼굴을 붉히었던 崔소저와 도올, 그땐 우린 새악씨였고 총각이었다. 그 崔소저와 도올이 이제 세 아이를 키웠고 막내까지 대학에 보내버리고 난 고적한 신세가 되었다. 우리는 과연 사랑한다 말해본 적이 있는가? 과연 사랑한다 말해야 할까?

"도를 도라고 말하면 그것은 늘 그러한 도가 아니다."라는 동양 제일의 지혜의 책 첫머리는 바로 지붕위의 바이올린과도 같이 사랑이라는 말을 하지 않는다: "사랑을 사랑이라 말하면 그것은 늘 그러한 사랑이 아니다."

여기 "늘 그러한"(常)이라는 말을 많은 『老子』의 번역자들이 "영원불변의"라는 말로 잘 못 해석한다. 첫장부터 이렇게 『老子』를 잘 못 해석하면 노자의 지혜는 마치 영원불변의 이데아적인 그 무엇을 추구하는 서양철학이나, 잠정적이고 덧없는 이 세상을 거부하고 천국의 도래를 갈망하는 기독교의 초월주의가 되기가 쉽다. 기독교의 본의가 원래 그런 것이 아니지만 후대의 헬레니즘과의 잘못된 결합으로 결국 서양의 초월주의는 기독교문명의 상식이 되고 말았다. 그러나 노자는 "항상 그러함"만을 말하지 "불변"(changelessness)을 말하지는 않는다. 동양인들에게는 "불변"이라는 것이 도무지 존재하지 않는 것이다. 동양인들에게 "영원"(permanence)이란 "변화의 지속"일 뿐이다. 변하지 않는 것은 없다. 단지 변하지 않는 것은 변하지 않는다고 생각하는 우리의 생각이다. 그 생각을 노자는 여기 "말"이라고 표현한 것이다.

"도를 도라고 말한다"는 것은 곧 시시각각 변하지 않을 수 없는 도를 변하지 않는 우리의 생각속에 집어넣는다는 뜻이다. 그렇게 생각속에 집어넣어져 버린 도(可道之道)는 항상 그러한 실제의 도일 수 없다는 것이다. 서양인들이 불변의 영원을 추구했다면 동양의 지혜는 변화의 영원을 추구하고 있는 것이다.

아까 그『지붕위의 바이올린』속에 나온 유대인 노부부는 평생을 항상 늘 그러한 모습으로 살아왔다. 늘 그러한 변화의 모습은 사랑이라는 말로는 도저히 표현될 수 없는 것이다. 나와 아내가 매일 "아이 러브 유, 허니" 이따위 소리를 해야 한다면, 그것은 늘 그러한 감정의 소통의 실상일 수가 없는 것이다. 여기서 우리는 동양인들의 언어에 대한 강한 거부감을 발견한다. 그리고 그 거부감이 우리의 삶의 지혜를 형성하고 있는 것을 쉽게 발견할 수 있다. 여기 어느 회사에 강남의 명문고를 나오고 서울 대를 우수하게 나와 입사한, 말을 또박또박 잘하고 모든 것을 명료하게 말로 잘 따지는 사원이 한명 있고, 시골 고등학교를 나오고 좀 시시한 대학을 나왔지만 과묵하여 여간해서 입을 열지 않고, 어른이 핀잔을 주어도 따지지 않고, 묵묵히 자기 일을 하면서 정확한 판단력을 지닌 사원이 한명 있다고 한다면, 일반적으로 우리사회의 가치관은 과연 누구에게 더 높은 점수를 줄 것인가? 우리는 어른 앞에서 똑똑한 체 잘 따지는 젊은이를 선호하지는 않는다. 이성간의 사랑에 있어서도, 입발림으로 "사랑한다"는 말을 연발하는 남자를 여자는 선호하지 않는다. 부부지간에 "아이 러브 유"를 연발해야 한다면 그들은 곧 이혼소송법정으로 가야하게 되어 있는 것이다. 동양의 지혜는 인간의 언어에 대한 깊은 거부감이 있다. 이것은 언어의 명료함을 거부하는 흐리멍텅함이나 모호함을 선호한다는 뜻이 아니다. 언어의 한계를 자각하지 못하는 자는 언어를 참으로 명료하게 인식할 수 없다함을 지적하고 있는 것이다.

모든 사물에는 이름이 있다. 그러나 그 이름은 고착화되어버린 이름이 아닐 때만 항상 그러한 이름구실을 할 수 있는 것이다. 많은 사람이 김용옥하면 김용옥이라는 이름으로 김용옥을 인식한다. 김용옥? 아! 그 한복 입고 머리깎은 사람! 아!

그 말 시원하게 하는 사람 ! 아 ! 그 특출난 사람 ! 김용옥은 양복을 입고 있을 수도 있고 머리가 금방 기를 수도 있다. 시원하게 욕잘하는 것이 아니라 공손하기 그지없고 남 칭찬만 잘 할 수도 있다. 특출난 데라고는 아무것도 없는 평범한 사람일 수도 있다. 김용옥이라는 이름은 나의 현실이 아닌 그들의 관념인 것이다. 명가명비상명 !

이러한 노자의 언어의 거부가 동양문화 전통에서 과학문명의 저해를 가져왔다는 설이 있는가 하면, 과학문명의 발전을 촉진시켰다는 상반되는 설이 있다. 자연에 대한 인간의 그릇된 선입견을 제거시키고 자연의 객관성을 있는 그대로 확보해주었다는 가설이 가능한가 하면, 언어의 거부가 이성의 연역적 체계까지를 거부함으로써 과학언어의 근원적 가능성을 봉쇄시켰다는 가설이 동시에 가능한 것이다. 그대들은 과연 老子와 동양문명의 관계는 어떠한 것이었다고 생각하는가? 곰곰이 잘 생각해보라 !

그림 : 강우현

二章

天下皆知美之爲美,
천하개지미지위미,

斯惡已;
사오이;

皆知善之爲善,
개지선지위선,

斯不善已。
사불선이.

故有無相生,
고유무상생,

難易相成,
난이상성,

長短相較,
장단상교,

高下相傾,
고하상경,

音聲相和,
음성상화,

前後相隨。
전후상수.

是以聖人處無爲之事,
시이성인처무위지사,

두째 가름

하늘아래 사람들이 모두
아름다운 것이 아름답다고
알고 있다.
그런데 그것은 추한 것이다.
하늘아래 사람들이 모두
선한 것이 선하다고만
알고 있다.
그런데 그것은 선하지 않은 것이다.
그러므로
있음과 없음은 서로 생하고
어려움과 쉬움은 서로 이루며
김과 짧음은 서로 겨루며
높음과 낮음은 서로 기울며
노래와 소리는 서로 어울리며
앞과 뒤는 서로 따른다.
그러하므로
성인은
함이 없음의 일에 처하고
말이 없음의 가르침을 행한다.
만물은 스스로 자라나는데
성인은 내가 그를 자라게 한다고 간섭함이 없고,
잘 생성시키면서도

行不言之敎。
행불언지교.

萬物作焉而不辭,
만물작언이불사,

生而不有,
생이불유,

爲而不恃。
위이불시.

功成而弗居,
공성이불거,

夫唯弗居, 是以不去。
부유불거, 시이불거.

그 생성의 열매를 소유함이 없고,
잘 되어가도록 하면서도
그것에 기대지 않는다.
공이 이루어져도
그 공속에 살지 않는다.
대저 오로지
그 속에 살지 아니하니
영원히 살리로다！

説老 내가 타이뻬이에 유학하고 있던 시절이었다. 타이뻬이는 본시 포르모사, 고산족의 고향이다. 중국적인 냄새라는 것은 대개가 모두 毛澤東에게 쫓겨온 國民黨정권이 이주한 후에 새롭게 지어낸 것이래서 진정한 의미에서 그 땅의 전통이라 할 것은 별 것이 없었다. 다시 말해서 우리나라 경주와 같은 고도를 찾는 흥취는 대만땅 어느 구석에서도 찾아볼 수가 없었다. 그러나 하나의 예외가 있었다. "꾸꽁"이라고 불리우는 故宮博物館이었다. 비록 한 건물안에 들어있지만 이 故宮에만 들어가면 中國文物의 향취를 흠뻑 들이킬 수 있다. 부패한 親美의 國民黨정부가 毛의 共産黨에게 여지없이 깨져 거대한 大陸을 포기하고 포르모사(포르투갈 말로 "아름답다"라는 뜻이다. 1590년 명명)로 이주하면서도 포기 못한 것이 있었으니 그것은 中國의 文化였다. 생각해보라 ! 호지명에게 쫓겨나는 아수라통의 월남정부가 월남의 고궁박물관을 먼저 옮긴다는 것을 생각할 수나 있는가? 중국古代로부터 淸代까지에 이르는 6천여년 동안의 60만점이 넘는 보물을 장개석정부는 南京(난징)으로부터 타이뻬이로 먼저 조심스럽게 옮기는 작업을 先行하고 나서야 비로소 군대를 퇴각시켰던 것이다. 문화에 대한 중국인들의 집념의 깊이를 헤아릴 수가 있다. 오늘날의 타이뻬이의

故宮컬렉션은 그 대부분이 淸나라의 大帝 乾隆황제가 수집해놓은 것이다.

나는 유학시절 주말에 심심하면 꾸꿍(故宮)을 가곤 했다. 그곳의 그윽하고 소조한 향기가 그렇게 좋을 수가 없다. 古品 하나하나를 눈여겨 보고 있으면 온갖 상상의 실마리들이 피어오른다. 그리고 무엇보다도 그 컬렉션의 격조가 높았다. 그 속에 들어가기만 하면 나는 시간 흐르는 것을 몰랐다.

어느 날 나의 시선은 거대하고 웅장한 걸개그림에 멈추어 있었다. 唐玄宗의 초상화였다. 매우 늠름하면서도 인자한, 그러면서도 섬세한 얼굴이었다. 아~ 이 者가 바로 楊家女와의 로맨스를 흩날린 음악의 명인, 당명황이란 말인가?

그런데 나의 시선에 들어온 그의 모습은 거구였다. 물론 황제의 초상화가 대강 거대하게 보이도록 그리는 것이 특징이긴 하지만, 하여튼 거구였다. 이 거구의 사나이와 그토록 애달픈 사연의 로맨스를 남긴 양귀비(양페이훼이)는 과연 어떤 미녀였을까?

요즈음 美女라 하면, 호리호리하기 이를 데 없는 가냘픈 몸매에 깊은 눈매 오똑 선 콧등을 생각한다. 꽃으로 비하면 素心의 蘭香이라 할까? 그러나 唐나라는 모든 것이 盛大한 것이 기준이었다. 그 심볼이 素心이 아닌 모란이었다. 함박꽃과 같은 푸짐한 여인의 모습이야말로 唐나라 여인의 아름다움의 기준이었다. 양귀비는 요새 기준으로 말하면 "뚱보"였다. "뚱보"라는 너무 혹독한 표현을 쓰지 않아도 매우 통통한 볼륨이 있는 여인이었음에 틀림이 없다. 그 거구의 玄宗과 로맨스를 즐길 정도라면 체력이 뒷받침되어야 할 것이다. 요새같이 살짝 건드리기만 해도 깨질 듯 바스락거리는 몸매로는, 정감의 소통이 어려웠을 것이다. 당나라의 감성적인 시인 白居易는 양가녀가 처음 玄宗을 만나기위해 발탁되는 순간을 다음과 같이 묘사하고 있다.

回眸一笑百媚生
六宮粉黛無顔色
春寒賜浴華清池
溫泉水滑洗凝脂

새카만 눈동자 흘깃
그 뺨에
보조개 어른거리면
백가지 교태가
생겨나고.
후궁 뜰의
눈썹칠은 아가씨들
얼굴빛을 잃고 말았지.

싸늘한 기운 가시지 않은
따사로운 봄볕에
찬란한 여산의 온천
화청지에서 몸을 씻기웠네.
따스한 온천물
그 기름진 하이얀 살갗을
스치며 미끄러지네.

　여기 "凝脂"라는 표현 속에서 우리는 포동통한 하이얀 뚱보의 몸매를 연상할 수 있다. 이렇게 시작한 그 아름다운 남녀이야기도 戰塵에 휩싸인 피문은 티끌로 끝나버리고 말았지…… 그 비극적 馬嵬驛의 장면을 우리의 천재시인 樂天(러티엔)은 다음과 같이 읊고 있다.

六軍不發無奈何
宛轉蛾眉馬前死
花鈿委地無人收
翠翹金雀玉搔頭
君王掩面救不得
回看血淚相和流

육군이 모두 말을
안들으니 황제인들 어떨소냐?
아~ 그 아릿다운

여인의 눈매
이리저리 비틀거리며
군마 발굽 속으로 쓰러져 갔네
꽃다운 머리장식
흙바람 속에 흩날려도
아무도 주울생각 하지않고,
취옥의 푸른날개
금동이 참새, 옥비녀 즐비하게.
아아~ 군왕은 얼굴을
가리우고 어쩔줄을 몰라,
고개를 돌려
그녀의 최후의 시선이
맞닿을 때 끝까지
남몰래 피눈물이 서로 흘러내렸지.

중국의 고전에서는 天下의 미녀로서 毛嬙(마오치앙)과 西施
(시스)를 꼽는다. 그런데 이 서시라는 미녀는 바로 오월동주(吳
越同舟)의 주인공, 월나라의 왕 구천(句踐)이 오나라의 왕 부차
(夫差)에게 헌상한 여인이었다. 구천은 오왕 부차로 하여금 이
여자에 넋을 잃고 국정을 태만케 한 것이다. 결국 이 미인계로
오나라가 멸망하게 되었던 것이다. 그래서 경국지색(傾國之色,
나라를 기울게 하리만큼의 아름다움)이라는 말도 생겨난 것이다. 혹
설에 의하면 서시는 시골의 나뭇꾼의 딸이었는데, 그 천연의 아
름다움을 간택하여, 꼭 『마이 페어 레이디』에서 오드리 햅번을

훈련시키듯, 3년 동안, 피부를 가꾸게 하고, 고상한 말을 가르치고, 우아하게 걷는 것을 가르치어 그러한 天下의 미녀로 둔갑시켜 진상했다는 것이다. 부차는 진실로 서시를 사랑했을 것이다. 부차는 죽을 때 서시를 물에 빠트려 황천길에도 같이 데리고 갔다는 이야기가 전한다.

그런데 이것은 莊子(주앙쯔)가 꾸며낸 이야기일지도 모르지만 (「天運」), 또 이러한 이야기가 전한다. 서시가 예뻤던 것은 바로 그녀가 폐병장이 였기 때문이라는 것이다. 장자는 "病心"(가슴을 앓았다)이라는 표현을 쓰고 있는데 아마도 이것은 요새 말로 튜버클로시스(tuberculosis), 즉 결핵증세에 가까운 것이었을 것이다. 사실 폐병을 앓는 여자는 예쁘기로 유명하다. 가냘프고 창백하며 항상 애수를 띠기 때문이다. 그래서 서시는 항상 가슴에 손을 대고 얼굴을 찡그리고 있었다는 것이다(捧心而矉). 그래서 "서시봉심"(西施捧心)이라는 고사가 생겨나게 된 것이다. 따라서 당대의 모든 미녀의 표준은 가슴에 손을 얹고 얼굴을 찡그리는 모습이 되어버렸다. 그래서 추한 여자들까지 모두 서시흉내를 낸다고 그 못생긴 얼굴에다가 또 얼굴까지 찡그리게 되니까 주변의 모든 사람들이 그 추한 꼴을 보기가 괴로와 모두 달아났다는 코믹한 얘기들이 전한다. 弄巧反拙(예쁜 흉내 내려다가 더 추하게 된다) !

이러한 얘기들은 모두 과연 우리가 생각하는 아름다움이라는 것이 무엇인가 하는 질문을 야기시킨다. 장자는 「제물론」에서 이와 같은 이야기를 하고 있다. 서시나 모장(毛嬙)·여희(麗姬)와 같은 미녀들, 아마도 요즈음 인기가 높다 하는 탤런트, 김희선과 같은 미녀들일까? 하여튼 이런 미녀들이 길거리를 걸어가면, 사람들이 졸졸졸졸 그 뒤꽁무니를 쫓아다닌다. 그런데 이 미녀들이 물가에 가면, 고기는 놀라 물속깊이 숨어버리고, 새는 팔짝 날개를 휘젓으며 창공으로 높이 나르고, 사슴은 보자마자 사생결단 죽으라고 도망간다.(魚見之深入, 鳥見之高飛, 麋鹿見之決驟.) 과연 무엇이 천하의 정색(正色, 미의 기준)이란 말인가?

고갱(Paul Gauguin, 1848∼1903)이 그린 타히티의 여인들, 그 투박하고 무뚝뚝한 남태평양 섬의 여인들, 두터운 입술, 검은 얼굴에 무수통 같은 정강이에 퉁명스럽게 뻐져나온 마당발… 참으로 못생긴 모습이라 아니할 수 없겠지만 그의 붉은 색조와 함께 발하는 아름다움의 마력은 누구도 거부할 수 없는 것이다. 맨하탄의 늘씬한 서구의 여인들이 그 고갱의 그림 앞에서 자신들의 아름다움의 초라함을 탄식하고 있다면 과연 무엇이 천하의 정색이란 말인가?

아름다움에 관한 인간들의 논의를 살펴보면, 아름다움을 인간외적 사물의 모습의 문제로 보는 객관주의(objectivism)와, 아름다움을 인간 내적, 즉 인간이 사물을 인식하는 인식의 구조에 내장되어 있는 그 무엇으로 파악하는 주관주의(subjectivism)로 크게 대별할 수 있다. 그런데 서양은 희랍인들의 탁월한 미의 인식이래 객관주의적 전통을 고수하였다. 그들은 아름다움이 어떤 이상적, 이데아적 형상에 있다고 보고 그 형상의 비율을 찾으려고 노력하였다. 그러나 동양은 이미 老子이래 古來로부터 객관주의적 미의 인식을 아예 포기하였던 것 같다. 그래서 古代의 벽화로부터 그러한 이상적 비율의 추구가 나타나지 않는다.

그러나 서양에서도 그러한 객관주의적 전통은 칸트의 미학에 오면서 비로소 주관주의적 전향을 일으키기 시작한다. 그리고 19세기를 거쳐 20세기에 이르면 미에 대한 다양한 생각들이 꽃을 피운다. 그것이 곧 서양미술사의 다양한 사조들로 나타나는 것이다.

노자는 말한다: "천하의 사람들이 아름다움(美)의 아름다움됨(爲美)만을 안다(知). 그런데 그 아름다움이 추함(惡)일 수 있는 것이다." 최소한 기원전 4・5세기 이전에 이러한 철학적 주제가 이미 충분히 논의되고 있었다는 것은 참으로 놀라운 것이다. 이러한 논의는 실제로 서양에서는, 칸트미학의 전향을 거쳐 19・20세기에나 이루어지는 최근세의 논의들이기 때문이다.

노자의 언어는 경이롭다. 노자는 美의 상대어로서 "醜"(추)를 사용하고 있지 않다. 美의 상대어는 惡(오)인 것이다. 중국 고대 어에서는 惡을 모두 요새 우리가 생각하는 "악"으로 읽어서는 아니된다. 惡은 악이 아니라 오인 것이다. 오라는 것은 무엇인가? 그것은 "싫음"이요, "추함"이다. 美의 반대는 惡(오)요, 그 것은 "싫음"이요, "추함"이다. 다시 말해서 "악"이 독립적으로 존재하지 않는 것이다. 악은 악의 실체가 따로 존재하는 것이 아니라 단지 그것이 우리에게 "싫은" 어떤 현상이요, 우리에게 "추하게 느껴지는" 현상인 것이다. 왕필은 "美라는 것은 사람의 마음이 나아가 즐기는 바의 것이요, 惡라는 것은 사람의 마음이 싫어하고 미워하는 바의 것이다."(美者, 人心之所進樂也; 惡者, 人心之所惡疾也。)라는 천하의 名注를 달아 놓았다. 이것은 서구라파의 윤리사상에서 20세기에나 다루게 되는 이모티비즘(emotivism)의 선구를 이루는 것이다. 실로 우리는 동양인들의 사유의 깊이에 대하여 경이로움을 금치 않을 수 없는 것이다.

다시 말해서 노자는 아름다움의 논의를 단지 미학적 가치로 분리시키는 것이 아니라, 인간의 모든 가치론의 일반적 기저로 말하고 있는 것이다. 다시 말해서 美의 문제는 善의 문제와 분리될 수 없다. 이것이 바로 2장에서 "美之爲美"와 "善之爲善"이 동일한 문맥에서 병치되고 있는 이유인 것이다.

善이란 무엇인가? 과연 善은 존재하는가? 善이 존재한다면 善의 상대(반대)인 惡이 존재하는가? 이미 말하지 않았던가? 惡은 악이 아니라 오라고! 惡이 존재하지 않는다면 어떻게 善이 존재한단 말인가? 惡이 "오"로서 美의 상대어일 뿐이며, "악"은 근원적으로 존재할 자리가 없다면, 과연 善의 상대 개념으로서의 우리가 쓰고 있는 "악"에 해당되는 것은 무엇인가? 이 재미난 질문에 노자는 매우 현명한 답안을 내리고 있다. 그것은 "不善"인 것이다.

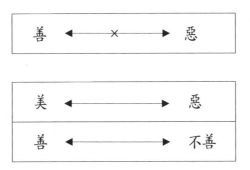

그렇다면 "不善"이란 무엇인가? 不善이란 "善이 아닌 것"이다. 善이 아닌 것이란 무엇인가? 그것은 善이 아닌 그 무엇이 실체로서 존재하지 않는다는 것을 의미한다.

A에 대하여 B가 있다는 것과, A에 대하여 X라는 불규정자는 A가 아니라는 것과는 전혀 맥락이 다른 것이다. 철수에 대하여, 철수가 아닌 것이라는 것이, 곧 복동이를 의미하는 것은 아닌 것이다. 선에 대하여 악이 있다는 것, 선과 악이 실체로서 동시적으로 共存한다는 것은, 현재 우리의 서양언어화된 개념적 틀속에서는 사실적 기능을 가지고 있다. 누구든지 선의 반대가 무엇이냐고 물으면 악이라고 대답할 것이다. 그러나 우리 옛말에는 이러한 식의 대답이 나올 수가 없었다. 이것은 모두 20세기에 들어와서 생겨난 번역언어의 장난이다. 19세기말까지만 해도, 이 땅에 살고 있는 사람들은 선의 반대가 무엇이냐고 물으면 악이라고 대답하지 않았다. 그들은 그냥 "선하지 못함(不善)"이라고 대답했던 것이다.

선인에 대하여 악인이 있고, 선행에 대하여 악행이 있고, 선신에 대하여 악신이 있고, 천사에 대하여 악마가 있고, 빛에 대하여 어둠이 있고, 창조에 대하여 종말이 있는 것은 모두 헤브라이즘의 전통속에서 나온 특이한 발상이다. 이 특이한 발상이 과학주의와 더불어 20세기 인류의 보편적 사유방식으로 왜곡되어 정착된 것이, 바로 인류 20세기의 발전이요 불행인 것이다. 인류의 21세기는 바로 다시 19세기 이전의 老子로 되돌아가야 하는 것이다.

인간을 "악인"으로 바라보는 것과, "선하지 못한 인간"으로
바라보는 것은 너무도 큰 차이가 있다. 한 인간이 악인이 되면
그 인간은 악의 화신으로서 악의 실체가 되어 버리기 때문에 개
전의 여지가 없다. 그러나 "선하지 못한 인간"은 항상 선하게
될 수 있는 것이다.

선에 대하여 악을 설정한다는 것과, 선에 대하여 불선을 설정
한다는 것은 논점이 악과 불선의 차이에 있는 것이 아니라, 실상
은 선 자체를 바라보는 생각이 전혀 다르다는데 그 논의의 핵심
이 있는 것이다. 악에 대한 선은 선 자체가 악처럼 실체화되어
있을 때만 가능한 것이다. 그러나 불선에 대한 선은 선 자체가
불선처럼 실체화되어 있지 않은 것이다.

善이란 무엇인가? 노자는 善을 먼저 말하지 않았다. 노자는
美를 말했을 뿐이다. 다시 말해서 노자에게 있어서 선이란 미의
연장적 개념일 뿐이다. 즉 선은 미로 환원될 수 있는 것이다. 다
시 말해서 선이 실체화되어 있지 않기 때문에 선은 곧 미라 말
해도 아무 상관이 없는 것이다.

그럼 善이란 무엇인가? 우리가 『千字文』식으로 善에 훈을 달
때, "선 善," 이런 식으로 善을 실체화시키지 않는다. 보통 "착
할 善," 이렇게 말하지만 착하다는 것은 인간의 행위에 관련된

가치판단이며, 그것은 後代에 성립한 訓이다. 중종조에 나온 『訓蒙字會』(1527년)를 보면 善은 "됴홀션"이라 訓을 달았다. 즉 "좋을 선"인 것이다. 선은 "좋음"인 것이다. 좋음이라는 것은 인간의 감정의 일반상태와 관련된 것이다. 善은 인간에게서 "좋음" 이상의 아무것도 아니다. 이왕 말이 나온 김에, 『訓蒙字會』에 惡은 뭐라 훈을 달았나 찾아볼까? "모딜 악"이라 했고 그 뜻을 "厭"이라 하였다. 즉 싫음인 것이다. 惡이란 "모진 것"이다. 모질다는 것은 좋지 않음인 것이다. 그 앞에 好를 훈하여, "됴홀 호"라 했다. 그리고 그 뜻을 "美也"라고 했다. 美라는 것은 곧 좋아함인 것이다. 여기 16세기초의 한국인 석학, 최세진과 중국 삼국시대의 천재소년 왕필과의 놀라운 사유방식의 일치를 우리는 발견할 수 있는 것이다. 왕필은 뭐라 말했던가? 美者, 人心之所進樂也, 미라는 것은 사람의 마음이 나아가 좋아하는 바의 것이다. 美는 곧 好요, 곧 善이다. 惡은 모짐이요 싫음이요, 곧 不善이다. 그것은 단지 "좋지 않음"인 것이다.

현재 인간세에 궁극적으로 문제가 되는 악이라고 하는 것은, 모두 인간의 행위에 관련된 것이다. 들판에 핀 백합꽃과 독초를 놓고 선·악을 말할 수는 없는 것이다. 그렇다면 인간의 행위에 관한 모든 악은 사실 알고 보면 악이라는 실체가 아니라, 우리가 싫어하는, 즉 좋아하지 아니하는 행위들일 뿐인 것이다. 그것을 우리가 惡이라고 부르고 있는 것일 뿐이다. 善은 美로 환원될 수 있는 인간의 가치에 불과한 것이다. 여자가 예쁘다는 것은 선일 수 있다. 그러나 여자가 못생겼다고 악일 수는 없다. 악은 상식적으로 인간에게 부정적인 가치이지만, 못생김이나 추함은 그것 나름대로 부정적인 것이 아니라 긍정적인 가치일 수 있는 것이다. 고갱의 그림속에서 추가 곧 아름다움일 수 있는 것처럼, 추는 항상 긍정적인 가치일 수 있는 것이다. 마찬가지로 善에 대하여 不善도 궁극적으로 긍정적인 가치일 수 있는 것이다. 윤리적 악은 없다. 윤리적인 불선이 있을 뿐이다. 그러나 윤리적인 불선은 심미적인 불선처럼 긍정적인 가치가 될 수도 있는 것이다. 궁극적으로 여기서 노자가 우리에게 말하려는 것은 인간의 가치언어가 道의 실상을 나타내지 못한다는 것이다. 도를 도라고 말하면 그것은 이미 항상 그러한 도가 아닌 것이다. 즉 美다惡다, 善이다 不善이다 하는 것이, 모두 이미 말해버린 도(可道之道)인 것이다. 그것은 존재의 실상이 아닌 것이다. 따라서 노자는 화해를 요청한다. 美와 惡가 대립하는 것처럼 보이지만 그것은 실제로 대립하는 것이 아니다. 善이 不善과 대립하는 것처럼 보이지만 실상에 있어서는 양자는 전혀 대립하고 있는 것이 아니다. 그것은 있는 것과 없는 것이 서로 생하고, 어려움과쉬움이 서로 이루며, 김과 짧음이 서로 겨루며, 높음과 낮음이서로 기울며, 앞과 뒤가 서로 따르는 것처럼, 단지 인간의 상대적인 즉 방편적인 개념구분에 불과하다는 것이다. "長短相較"라는 말은 그 말을 뒤집어 번역하면, 長과 短이 실체적으로 먼저 존재하고 그 양자가 서로 비교된다는 뜻이 아니라, 長과 短이라는 개념 자체가 서로 비교될 때만이 상대적으로 파생되는 방편개념에 불과하다는 것이다. 長은 短과 비교될 때만이 長이며, 그것이 更長한 것(더 긴것)과 비교될 때는 오히려 短이 되어버리고 마는 것이다. 長이 곧 短이고, 短이 곧 長이므로 장과 단은 오직 相較의 관계에만 있는 방편적 설정이지, 절대적 설정이 아니라는 것이다. 有·無, 長·短, 高·下, 音·聲, 前·後, 바로 이러한 二價的 相對性이 곧 우리 언어의 본질이다. 언어는 二價的 分別(bifurcation)로부터 생겨나는 것이다. 그러나 이 分別 이후의 사태는 實相의 如實한 표상이 아니다. 그러나 이러한 분별적 언어만이 實相에 접근하는 인간의 유일한 통로라는데, 인간존재의 파라독스가 있는 것이다. 언어는 끊임없이 유동적인 존재를 고착시킨다. 可道之道는 항상 그러한 도(常道)가 아닌 것이다. 長과 短은 단지 相較되는데서만 발생할 수 있는 상대적인 가변적인 방편임에도 불구하고, 長은 長으로서만 자기동일성을 주장하고, 短은 短으로서만 자기동일성을 주장한다. 이것이 곧 언어의 비극인 것이다.

인간과 신은 마찬가지로 서로 인식되는 관계에서만 생겨나는 상대적 개념임에도 불구하고, 인간은 인간으로서만 자기동일성을 주장하고 신은 신으로서만 자기동일성을 주장한다. 그리하여 신은 절대적인 권위자가 되어버리고 불완전한 인간은 그 권위에 복속하는 존재가 되어버린다. 도대체 인간없는 신이 뭐 말라빠진 명태 대가리 만큼이라도 의미가 있는 것일까? 인간이 없는 저 황량한 죽음의 벌판에 서있는 하나님이 뭐 말라빠진 허수아비란 말인가? 도대체 신없는 인간이, 과연 존재할만한 가치가 있는 것일까? 신과 인간은 이와같이 언어적 관계로 표상되는 어떤 一體的인 眞如의 兩面일 뿐인 것이다. 그런데 우리는 신을 신으로 고착시키려 하고, 인간을 인간으로 고착시키려 한다. 有와 無가 相生하고, 難과 易가 相成하는 것처럼, 인간과 신도 서로 生成하는 것이다. 신이 인간을 창조한다면 인간 또한 신을 끊임없이 창조하고 있는 것이다.

언어의 고착성과 분별성, 그리고 실체성을 전제로 할 때, 우리 인간은 언어야말로 道를 표현하는 가장 불완전한 도구임을 자각해야하는 것이다. 도를 도라고 말하면 도가 아니요, 아름다움을 아름다움이라 말하면 그것은 이미 아름다움이 아닌 것이다. 거대한 창공의 화폭을 수놓는 그 위대한 일몰의 황혼앞에서 우리는 언어를 상실케 되는 것이다. "도가도비상도"라 한다면 우리는 과연 어떻게 해야할까? 함이 없어야 하고(無爲), 말이 없어야 하는 것이다(不言). 그렇다면 우리는 아무것도 하지 말아야 하고, 아무것도 말하지 말아야 하는가? 竹林七賢의 一人인 가야금의 명인이 가야금을 걸어놓기만 했다는데(가야금줄을 튕기는 것 자체가 하나의 언어며 분별이며 불완전이며 온전의 파괴며 국한이다), 우리 역시 그러한 仙客이 되어야만 이상적인 인간이 되는 것일까?

여기 "無爲之事"(함이 없음의 일)와 "不言之敎"(말이 없음의 가르침)의 주어는 "聖人"(성스러운 사람)이다. 帛書甲本에는 聖人이 "聲人"으로 되어 있고, 帛書乙本에는 귀耳변에 입口만 있는 "耶人"으로 되어 있다. 이 모두가 같은 음의 다른 假借字인 것이다. 簡本에는 "聖人"으로 되어 있다. 이 모두에 공통된 것은 귀耳 글자인 것이다. "聖人"이란 한마디로 "귀가 밝은 사람"이다.

성인이란 노자가 생각하는 이상적인 현세의 지도자(Worldly Leader)이다. 그는 이상적 군주이며 동시에 노자가 말하는 道를 실천하는 哲人이요, 인간으로 말하면 완벽한 道의 구현자다. 그런데 이러한 군주는 성인이요, 성인이란 "귀가 밝은 자"다. 본시 "귀가 밝다"하는 것은 "신의 소리를 듣는다"는 의미다. 즉 옛날의 제정일치시대에는 신탁의 소리를 듣는 자들 즉 무당이 곧 성인이었던 것이다. 신의 소리를 인간에게 매개하는 자들이 모두 "성인"(聲人=聖人)이었던 것이다. 헤브라이즘의 전통에서는 바로 예언자들이 성인이었다. 예수도 물론 이러한 성인 중의 한사람이었다. 그러나 老子의 시대에 오면 그러한 종교적 함의는 탈락되고 철저히 비신화적 개념의 성인이 된다. 노자의 성인은 곧 백성의 소리, 道의 지혜의 소리를 잘 듣고 구현하는 사람인 것이다.

따라서 『老子』一書는 본시 聖人을 위하여 쓰여진 책이다. 범인의 개인적 수양을 위하여만 쓰여진 책이 아니다. 노자철학 은 기본적으로 일종의 君主之學인 것이다. 그러나 君主의 의미 를 "사회집단의 리더"로 볼 때, 사회는 무한한 층차를 지니므로, 수없는 계층의 수없는 리더들이 있을 수 있다. 『老子』一書는 바로 그들에게, 모든 리더들에게, 리더십을 얻고자 하는 모든 인 간들에게 설파된 지혜의 서인 것이다.

이 성인은 반드시 함이 없음의 일(無爲之事)에 처하고, 말이 없음의 가르침(不言之敎)을 행하여야 하는 것이다.

無爲란 老子哲學의 핵심적 사상을 이루는 개념으로 통상 有 爲와 대비되는 것이다. 無爲는 "함이 없음"이다. 그렇다고 無爲 가 곧 아무것도 하지 않음(actionlessness)을 의미하는 것은 아 니다. 無爲는 곧 "無僞"다. 무위의 "위"는 유위적이고 조작적 인, 道의 흐름에 배치되는 사특한 행위인 것이다. 그것은 위선적 인 행위이며 거짓적인 행위이며 독선적인 행위이며 전체를 파악 하지 못하는 부분적인 행위이다. 당연히 모든 사회의 리더는 그 러한 조작적인 인간이 되어서는 아니되는 것이다. 그리고 리더 는 잔 일을 해서는 아니되는 것이다. 작은 일에 집착해서는 아니되는 것이다. 리더는 자기는 함이 없이 남으로 하여금 하게 만드는 힘을 가지고 있어야 하는 것이다. 이것이 바로 노자가 말하는 無爲인 것이다.

不言之敎도 아무 말도 하지 않는다는 것이 아니라, 말을 내세우지 않는 가르침이라는 것이다. 진정한 리더는 자기를 말로 표현하지 않는다. 내가 IMF와 같은 국난을 극복했다고 외치지 않는다. 내가 위대한 리더라고 말로 외치지 않는다. 그는 소리없는 실천의 가르침(不言之敎)을 실천(行)할 뿐인 것이다. 말로 자기를 나타낸다고 하는 것 자체가 이미 자기의 파산을 선고하는 것이다. 내면이 충만한 자들은 말을 앞세우지 않는다. 말 없이, 물 흐르듯, 그냥 흘러갈 뿐인 것이다.

"萬物作焉而不辭"는 帛書乙本에 "萬物昔而弗始"로 되어 있었다. 그런데 요번에 나온 郭店簡本 甲本에 "萬物作而弗始"로 되어 있다. 簡本이 帛書에 근접하고 있는 것이다. 우리는 이 두 판본의 일치에 근거하여 王本을 수정하지 않을 수 없게된다. 그러나 그 뜻을 깊게 생각해보면 양자의 텍스트가 의미론적으로 相通한다고도 볼 수 있다. 作과 昔은 끝나는 운미(-k)가 공통되고, 辭와 始는 시작하는 음이 비슷하다. 모두 通假字들인 것이다. "萬物作而弗始"는 "만물이 생성되어 자라나도, 성인은 그 만물을 시작케하지 않는다"(The ten thousand things arise, but he doesn't begin them.　Robert G. Henricks 역)는 뜻이다. 여기서 중요한 것은 "而"다음 구문에서는 주어가 바뀐다는 것이다. "弗始"의 주어는 성인이다. "弗始"의 始는 "主導한다," "主宰한다," "制御한다"는 뜻을 갖는다. 즉 앞서서 이끈다는 뜻이다.

전통적인 王本의 "萬物作焉而不辭"를 "만물이 스스로 지어지는데, 성인은 잔소리를 하지 않는다"라고 해석할 수 있다. 그리고 帛本·簡本의 "萬物作而弗始"를 "만물이 스스로 자라나는데, 성인이 주도하지 않는다"라고 번역하면 인위적으로 倡導하지 않는다는 의미에서 兩者는 상통할 수 있다. 그러나 王本의 "不辭"보다는 帛·簡本의 "不始"가 더 명료하다.

또 王本의 "爲而不恃"가 帛書甲本에는 "爲而弗志也"로 되어 있고, 帛書乙本에는 "爲而弗侍也"로 되어 있는데, 簡本에는 "爲而弗志也"로 되어있다(甲本이 乙本보다 더 古本). 王本의 "爲而不恃"는 "성인은 만물이 잘 되어가도록 하면서도 그것에 기대지 않는다"는 뜻으로 보통 해석된다. 그러나 簡本과 帛書甲本의 "爲而弗志"는 매우 명료한 새로운 의미를 우리에게 전달해 준다. 이때의 "志"는 구체적인 지향성(intentionality), 자기의 행위의 결과를 인위적으로 조작하는 어떤 방향성을 나타낸다. "爲而弗志"는 곧 성인의 無爲의 특질을 나타내는 말이다. 곧 성인은 행위를 하되, 자기의 행위가 어떤 인위적 지향성의 방향의 범위내에 간히도록 하지 않는다는 것이다. "하되, 함에 좁은 뜻을 두지 않는다"정도로 번역하면 될 것이다.

재미있게도, 王本에서 가장 중요한 테마로서 잘 인용되는 "生而不有"는 帛本에도 簡本에도 보이지 않는다. 아마도 후대의 첨가인 것으로 보인다. 그리고 簡本은 王本의 "功成而弗居"에서 功이 빠져 있다. 그리고 "作而弗始" "爲而弗志" "成而弗居"는 세개의 파라렐리즘을 형성하는 구문이 되어 마지막의 "夫唯弗居也, 是以弗去也."와 연결되고 있다. 아마도 이 簡本의 모습이 가장 오리지날한 『老子』2장의 모습에 근접하고 있는 것으로 보아야 할 것이다. 그리고 帛書 甲·乙本에는 이 구문이 재미있게도 "成功而弗居也"로 되어 있다. 그 뜻은 대차가 없다.

금세기 영국의 철학자 버트란드 럿셀경은 우리나라의 선남선녀들이 일본제국주의의 질곡속에서 처절하게 독립만세를 부르고 있을 때, 유관순누나가 서대문 형무소에서 모진 고문을 받고 있을 즈음, 北京大學 철학과에서 명강의를 휘날리고 있었다. 그리고 그는 다음과 같이 말했다:

노자라는 사상가는 도의 작용을 "소유없는 생산"(production

without possession), "자기주장없는 행동"(action without self-assertion), "지배없는 발전"(development without domination)이라는 세 마디로 압축해서 묘사하고 있다. 이 말속에서 우리는 사려깊은 중국인들이 자신의 삶의 목표를 바라보는 매우 기본적인 개념의 틀을 꺼집어 낼 수 있다. 그리고 우리는 이것이 참으로 우리 서양의 백색인종들이 자신의 삶을 인식하는 가치의 틀과는 너무도 다른 것이라는 것을 시인하지 않으면 안될 것이다. 소유, 자기주장, 지배, 이것은 서양인들이 개인적으로나 국가적으로나 열렬히 추구하는 가치의 전범이다. 이 가치의 전범들을 니이체는 하나의 철학으로 숭고한 듯이 건립하여 놓았다. 그런데 이 니이체의 제자들은 독일에만 있는 것은 아니다.(*The Problem of China*, p.194).

여기서 럿셀이 말하고 있는 "소유없는 생산"은 "生而不有"의 번역이고, "자기주장없는 행동"은 "爲而不恃"의 번역이고, "지배없는 발전"은 "長而不宰"(51장)의 번역이다.

"生而不有"가 비록 簡本에 나오지 않고 있지만 그것은 노자사상을 대변하는 가장 중요한 개념이다. 인간존재의 최대비극은 바로 자기가 生하는 모든 것을 자기가 소유하려는데 있다. 자식을 낳아도 자식을 "내 자식"이라 하여 내가 소유하려 하고, 내가 깨우쳐 얻은 지식은 "내 지식"이라 하여 나만 소유하려고 애쓴다. 내가 애써 만든 단체를 "내 덕분에 이루어진 단체"라 하여 내가 좌지우지하려 하고, 내가 이룩한 가정을 "내 집"이라 하여 그 속에서 왕노릇하려고 애쓴다. 인간의 모든 행태가 이러한 소유의 패턴속에 있는 것이다. 그러나 만물을 보라 ! 풀한포기도 새로 솟아나게 한 새싹을 헌싹이 소유하려고 하지 않는다. 새싹은 헌싹에 의하여 소유되지 않기 때문에만 또 다시 새싹을 낳을 수 있는 것이다. 헌싹이 새싹을 소유하면 그 새싹은 끊임없이 생성할 수 있는 길을 차단당하게 되고 곧 시들어버리고 마는 것이다.

"生하되 生한 것을 소유하지 않는다"(生而不有)는 노자사상인 동시에 럿셀경이 말했듯이 우리 東方人의 지혜의 가장 근원적인 패턴이며 삶의 태도다. 후대의 모든 "무소유"를 말하는 불교적 사유가 바로 이 "生而不有"적인 노자사상의 틀 속에서 전개된 것이다.

生하되 生한 결과를 내가 소유하지 않을 때, 당연히 지배나 권위나 모든 고착적 가치가 성립하지 않을 것이다. 즉 生은 끊임없는 生成의 과정임으로 그 과정의 한 시점이 소유되는 순간에 生 그 자체가 멈추게 되는 것이다. 그것은 生이 아니라 死다. 生은 한 시점의 창조가 아니다. 生은 영속되는 시점의 창조인 것이다. 그러므로 生而不有의 生은 영원한 과정일 수밖에 없다. Life is a Process ! 생명은 하나의 과정인 것이다. 그러므로 생명은 자기의 功이 이루어져도 그 功속에 居할 수가 없다. 여기 "居"라는 것은 불교용어로 말하면 "집착"이다. 功에 집착함이 없다. 그러므로 弗居(집착하지 않는다)하기 때문에 오히려 弗去(영원하다)할 수 있는 것이다. 여기서 弗居(불거)와 弗去(불거)는 발음상으로 펀(pun)을 이루고 있다. 즉 비슷한 발음으로 다른 의미를 중첩시키고 있는 것이다.

인간은 영원하고 싶어서 집착한다. 자기의 功을 세워 그 功을 영원한 고착적인 실체로 남기고 싶어서, 건물을 남기고 비문을 남기고 동상을 남기고 책을 남기고 온갖 흔적을 남긴다. 그러나 자기의 功에 집착하는 순간에, 그는 이미 去하는 것이다. 가버리는 것이다. 사라지는 것이다. 우리가 영원할 수 있는 길은 자신의 功속에 居하지 않는 길이다. 레닌의 동상이 쓰러지고 스탈린의 흉상이 깨질 날이 있으리라고 얼마전까지 누가 감히 생각이나 했겠는가? 이렇게 어리석은 것이 인간의 업이려니, … 한국의 지도자들이여, 깊이 깨달을지니, 내가 지은 모든 훌륭한 업을 나의 功이라 생각치 말 것이다. 그것이 나의 功이라는 생각이 없을 때만 오직 그대는 영원하리니.

전통적으로 우리가 『노자』를 이해할 때, 노자사상의 핵심을 담은 부분으로서 王本 제1장, 제2장, 제3장을 중시한다. 중국고전은 대개 『논어』와 같은 어록체가 아니고, 일관된 사상논저 형식을 가지고 있을 때, 제일 앞 장이 전체의 내용을 포괄하는 개괄적 총론의 역할을 하는 것이 통례이다.『중용』의 제1장 속에 『중용』전체의 내용이 압축되어 있다고 말할 수도 있고,『대학』 제1장 속에『대학』전체의 내용이 다 들어있다고 말할 수도 있다.『장자』의 경우도「소요유」나「제물론」이 그러한 기능을 가지고 있다 할 것이다.『노자』의 경우도 물론 전통적으로 제1장 이야말로『노자』전서의 내용을 압축한 총론적 장으로『노자』의 가장 대표적 문장으로 꼽혀왔다. 그런데 이러한 생각은 최근의 고고학적 발굴로 인하여 크게 수정되지 않으면 아니되게 된 것이다. 우선 1973년 겨울에 出土된 帛書本에는 甲·乙本이 모두『道德經』이 아니라,『德道經』으로 되어 있다. 그렇게 되면, 현재의 제1장은「德經」끝머리에 붙게 됨으로 꼭 45장 정도의 느낌이 든다(古本은 오늘과 같은 장의 구분은 없다). 그러니 그 중요성이 오늘의 1장과 같은 느낌이 들지 않을 것은 뻔한 이치이다. 그런데 더 재미있는 사실은 1993년에 출토된 郭店簡本에는 아예 제1장도, 제3장도 存在하지 않는다는 사실이다. 郭店簡本은 그것이 단순한 缺落이라고 볼 수 없는, 그것 나름대로의 정연한 통일성을 가지고 있기 때문에 문제는 심각해진다. 簡本에는「德經」의 제1장이라고 할 수 있는 今本 제38장 "上德不德"章도 存在하지 않는 것이다. 다시 말해서 우리가 노자사상의 가장 핵심적 중추로서 중시해왔던 1장과 38장이 모두 노자사상의 오리지날한 층대가 아닐 수 있다는 사실이 밝혀지게 된 것이다. 제1장의 내용은 우주론과 인식론에 관계되고, 제2장의 내용은 가치론에, 제3장은 사회정치철학에 관계된다고 말할 수 있다.

제1장	우주론(cosmology), 인식론(epistemology)
제2장	가치론(axiology), 인성론(theory of human nature)
제3장	사회론(social theory), 정치철학(political philosophy)

簡本에는 今本의 제2장이 고스란히 들어가 있다. 簡本의 발견으로 우리는 이런 가설을 내려볼 수가 있다. 노자철학의 핵심은 가치론에 있었다. 즉 노자철학의 가장 오리지날한 측면은 우주의 道에 관한 玄學的 사유, 즉 객관적 세계의 궁극적 진리에 관한 포괄적 이해를 지향한 것이 아니라, 인성에 기초한 가치의 문제, 즉 修道, 修身을 추뉴로 하는 인간론의 소박한 성찰이었다. 그리고 지나친 사회정치철학적 관심도 그의 일차적 관심은 아니었다. 물론 제2장의 내용이 이미 治世의 원리, 지도자의 가치관을 언급하고 있음으로 노자의 고층대의 사상에 이미 사회적 관심이 짙게 깔려있는 것은 부인할 수가 없다. 그렇다면 노자철

학의 발전경로는 다음과 같이 도식화할 수 있을 것이다.

가치론	→	사회론	→	우주론
axiology		sociology		cosmology

簡本에 1장·3장이 없다고 해서, 이미 150년 후의 帛書에 나타나는 1장·3장의 내용이 簡本의 시대에 완벽하게 존재하지 않았다는 가설도 무리가 있을 수 있다. 왜냐하면 그것은 抄本의 전승이 달랐을 수 있기 때문이다. 그러나 우리는 최소한 전국초기로부터 말기에 이르는 『老子』에 대한 사람들의 이해방식의 변화를 上記와 같이 도식화해 볼 수 있다는 것이다. 王弼의 『老子』이해방식은 지나치게 우주론化 되어 있다고 말할 수도 있다는 것이다.

이 장의 첫머리에서 운운한 아름다움에 대하여 몇마디 내 생각을 말하자면, 우리가 흔히 아름답다고 하는 것은 "시각"을 중심으로 한, 외재하는 사물의 형상에 관한 것이다. 한 여자를 보고 예쁘다고 하는 것은 대개는 내 시각에 나타나는 감각의 구조상 외재적 형상이 표상하는 그 무엇에 관한 것이다. 그런데 아름다움이란 궁극적으로 나의 "느낌"일 수밖에 없다. 나의 느낌을 떠난 아름다움은 존재할 수 없다. 그런데 나의 "느낌"은 우선 시각에만 한정되지 않는다. 나의 느낌(Feeling)은 안·이·비·설·신·의 ···· 시각으로부터 시작해서, 청각, 후각, 미각, 촉각, 개념적 인지 ···· 무의식적 아라야식(藏識)까지를 포괄하는 것이다. 눈으로만 아름답다고 해서 그 아름다운 느낌이 유지될 수는 없다. 그 여자와 같이 밥먹고, 같이 자고, 같이 일상생활하면서 느끼는 느낌은 전혀 다른 것일 수도 있다. 아름다움은 우리의 느낌의 총체적인 건강속에서 고려되어야 한다. 이것은 나의 소박한 생각이다. 참고하시도록 !

그리고 이 제2장에서 제기되었던 윤리적 2원성(ethical dualism)의 거부는 매우 중요한 것이다. 20세기가 윤리적 2원성의 세기였다면 나는 21세기는 윤리적 비2원성(ethical non-dualism)의 세기가 되어야 한다고 생각한다. 윤리적 선·악은 인간이 살아가는데 매우 필요한 상식적 가치기준이다. 그러나 이 상식적 가치기준이 고착화될 때는 인간의 살아있는 현실이 윤리적 선·악의 판단에 예속되고 심지어는 인간 생명 자체의 파멸을 초래한다. 윤리적 선·악의 판단은 인간의 판단중에서 가장 천박한 판단이다. 이러한 판단을 우리는 항상 재고해보는 습관을 가져야 한다. 상대방의 입장에서 악이나 선을 생각해보는 넓은, 포용적인 마음을 잃지 말아야 한다. 한사람의 행위를 선과 악으로 구분지을 것이 아니라, 반드시 선과 불선으로 구분지을 것이다. 그리고 그 선과 불선은 궁극적으로 아름다움과 추함에 불과하다는 것을 상기해야 한다. 이것이 노자의 지혜의 가르침이다. 모든 종교분쟁도 내가 믿는 신만이 善神이고 다른 신은 모두 惡神이라는 생각 때문에 일어나는 것이다. 내가 믿는 신이 善神이라고 한다면, 다른 神에게도 善의 가능성이 있다고 생각해야한다. 기껏해야 不善의 神밖에는 있을 수 없는 것이다. 不善의 神이라 해서 곧 惡神은 아니다. 不善의 神일 경우, 내가 안 믿으면 그뿐인 것이다. 그러면 종교분쟁은 일어나지 않는다. 스바하 !

W. H. KANG

三章

不尙賢, 使民不爭;
불상현, 사민부쟁;

不貴難得之貨, 使民不爲盜;
불귀난득지화, 사민불위도;

不見可欲, 使民心不亂.
불견가욕, 사민심불란.

是以聖人之治,
시이성인지치,

虛其心, 實其腹;
허기심, 실기복;

弱其志, 強其骨.
약기지, 강기골.

常使民無知無欲,
상사민무지무욕,

使夫智者不敢爲也.
사부지자불감위야.

爲無爲, 則無不治.
위무위, 즉무불치.

셋째 가름

홀륭한 사람들을 숭상하지 말라 !
백성들로 하여금 다투지 않게 할지니.
얻기 어려운 재화를 귀하게 하지 말라 !
백성들로 하여금 도둑이 되지않게 할지니.
욕심낼 것을 보이지 말라 !
백성들의 마음으로 하여금 어지럽지 않게 할지니.
그러하므로
성인의 다스림은
그 마음을 비워
그 배를 채우게 하고,
그 뜻을 부드럽게 하여
그 뼈를 강하게 한다.
항상 백성으로 하여금
앎이 없게 하고
욕심이 없게 한다.
대저 지혜롭다 하는 자들로 하여금
감히 무엇을 한다고 하지 못하게 한다.
함이 없음을 실천하면
다스려지지 않음이 없을 것이니.

説老　20세기 인류 정치사를 특징지우는 가장 거대한 이벤트는 뭐니뭐니해도 사회주의와 자본주의의 대립이요, 공산사회와 민주사회의 대립이라고 흔히 말하는 것이다. 그러면 21세기를 특징지우는 인류 정치사의 현실은 무엇이 될 것인가?

그런데 우리는 공산주의가 거의 소멸되어 버린 지금의 상황에서 진정으로 물어야 할 것은, 과연 20세기가 공산주의와 자본주의의 대립의 세기였냐는 것이다. 과연 인류는 그러한 兩立의 구조속에서 살았던 것인가? 맑스와 예수라는 두 유대인은 左·右의 진영에서 서로 으르렁거리고 있었던 것인가? 과연 소련이라는 강대국과 미국이라는 강대국이 우리가 살고 있는 세계를 兩分해서 철의 장막을 치고 있었던 것일까?

우리는 꿈속에 있을 때는 꿈이 꿈인지를 알지 못한다. 깨었을 때 비로소 꿈이 꿈이었다는 것을 알게 되는 것이다. 이것은 장자의 지혜로운 말이다. 그런데 꿈이 꿈이라는 것을 알고 있지 못하는 것처럼, 지금의 깨어 있는 현실이 또 하나의 꿈이라는 것을 모를 수도 있다. 또 하나의 새로운 깸이 올 적에 비로소 나의 현실이 꿈이었다는 것을 알 수도 있다. 大覺이 오면 나의 깨어 있는 현실이 또 하나의 大夢이었다는 것을 깨닫게 된다는 것이다.

자본주의와 공산주의의 이원적 대립이라는 것은 하나의 현실이 아닌 꿈이었을 수도 있다. 소련 즉 러시아는 도무지 역사가 일천하고, 역사적으로 아주 미개한 후진국이었을 뿐아니라, 재정이나 기술이나 도덕·문화의 자체 축적이 상대적으로 빈곤한 나라였다. 우리나라의 최근세사에서도 볼 수 있듯이 아라사는 일본의 전함과도 대항키 힘든, 로일전쟁에서 이미 께임도 안되는 참패의 고배를 마실 수밖에 없었던 매우 빈곤한 나라였다. 20세기 초까지만 해도 그러한 수준의 나라가 어떻게 갑자기 세계 초강대국이 될 수 있었을까? 푸쉬킨이나 톨스토이나 도스토예프스키와도 같은 위대한 문호가 몇 명 나왔다고 대답될 수 있는 문제일까? 과연 진실로 그토록 초강대국이었다고 한다면, 어떻게 레이건-바오로교황이 바웬사-고르바쵸프를 조정하여 하루아침에 그 거대한 공산세계를 무너뜨릴 수 있으며, 비록 그러한 政體의 변화가 왔다고 할지라도 어떻게 엊그제까지 세계최강의 초강대국이 하루아침에 그토록 못먹고, 남대문시장에까지 와서 빌어먹는 비루먹은 사람들이 되었을까? 이렇게 명백한 현상들을 분석해볼 때, 우리의 해답은 너무도 명료하다. 소련은 하나의 픽션이었던 것이다. 맑스형님은 유려한 문체를 구사하는 털보아저씨에 불과했던 것이다. 철의 장막은 실제로 존재했던 것이 아니라 모종의 요구에 의하여 잠시 둘러쳐졌던 병풍에 불과했던 것이다. 그것은 세계무대의 한 공연세트였던 것이다. 이 공연의 제작자·연출자는 미국이었다. 미국이 자국의 체제의 유지를 위하여 만들어 놓은 픽션이 소련이었다는 것은 오늘날 정치학도들의 상식이다.

다시 말해서 냉혹하게 분석하자면, 우리가 살았던 20세기는 자본주의와 공산주의가 대립했던 적은 없다. 자본주의만 있었고, 자본주의의 존재양식의 다양한 한 방편의 형태로서 공산주의라는 경제체제가 존재했을 뿐인 것이다. 자본주의는 인간의 본연이다. 자본주의는 그것이 하나의 주의로서, 20세기에 공산주의와 대립하여 새로 생겨난 것이 아니라, 인간의 사회집단이 자연발생시키는 시장의 구조에 내장되어 있는 하나의 유통체계일 뿐이다. 그것이 산업혁명의 대량생산(mass production)이라는 특수한 양식을 거치면서 우리에게 특수한 것인냥 확대 해석된 것이다.

자본주의는 인간의 역사와 같이 내려온 것이며, 자본주의는 인간의 욕망이라고 하는 인성(Human Nature)의 역사와 맥을 같이 하는 것이다. 따라서 2500년전의 노자도 우리와 똑같이 자본주의를 분석하고 자본주의에 대한 정의를 내리며, 자본주의를 어떻게 제어할 수 있을 것인가 하는 고민을 하고 있는 것이다.

노자가 말하는 자본주의란 무엇인가? 노자는 요새의 경제학자들처럼 매우 복잡한 수량적 이론을 제시하지 않는다. 그러나 노자의 경제분석은 더 진솔하고 쉽게 우리의 마음에 와 닿는다.

노자는 자본주의를 "인간의 욕망을 자극시키는 재화의 유통"이라고 규정한다. 노자는 여기서 분명히 "貨"라는 표현을 쓰고 있다. 고어에서 "貨"는 "穀"과 대비되는 단어며, 그것은 분명 도시산업구조에서 발생되는 상품(Goods)을 의미한다. "穀"은 농경사회에서 자급자족 가능한 곡식의 생산이다. 그런데 이 貨의 세계는 "爭"이라는 근원적인 모랄의 구조속에서 틀지워져 있다고 갈파한다. "爭"이란 인간에게 보다 많은 상품의 구매를 자극하게 만드는 인센티브의 경쟁적 생산이다. 자본주의는 인간의 경쟁심리를 자극한다. 노자는 자본주의가 인간의 경쟁심리를 자극하는 방법은, 끊임없이 얻기 어려운 재화의 품귀현상을 조장하는 방법이라고 갈파한다. 難得之貨를 끊임없이 貴하게 만들어 인간을 경쟁구조속으로 집어넣고, 또 그렇게 함으로써 끊임없는 상품의 생산을 재촉한다. 자본주의는 인간에게 끊임없이 욕심이 날 만한 상품들을 보여줌으로써 인간의 마음을 설레이게 만들고 한군데 안주하지 못하게 만든다. 그래서 결국 전 국민을 도둑놈으로 만든다고 한다. 자본주의 체제내의 인간은 너나 할 것 없이 이윤의 추구를 위해서는 다 같이 도둑놈이 되는 것이다. 그리고 이렇게 인간을 자본주의의 경쟁체계로 휘몰아넣는 방법은 문화적으로도 위대한 사람들의 우상을 만들어놓고, 그 우상을 향해 모든 사람들이 경쟁하도록 만드는 것이다. 인간이 훌륭한 사람이 되려고 하고, 인간이 더 많은 지식을 추구하려 하고, 인간이 더 높은 지위를 획득하려 하고, 인간이 도덕적으로 더 고매하고 현명한 사람이 되려고 하는 모든 문화적 분위기가, 자본주의적 경쟁체제를 조장케 만드는 첩경이라는 것이다. 그래서 자본주의 사회는 훌륭한 사람들을 숭상하는 분위기를 유지한다. 간디와 같은 성자를, 에이브라함 링컨과 같은 인권의 수호자를, 케네디와 같은 멋있는 대통령을, 아인슈타인과 같은 과학자를 숭상케 만든다. 이러한 문화적 분위기가 없으면 자본주의는 인센티브의 끊임없는 생산에 실패한다고 한다. 아인슈타인과 같은 과학자를 숭상케 한다는 것 자체가 그러한 가치관으로 인하여 자본과 관련된 엄청난 산업구조가 태동되는 것이다. 인간은 본시 "$E=MC^2$"을 몰라도 잘 살 수 있는 것이다. 그런데 $E=MC^2$을 앎으로써 우주를 보다 포괄적으로 이해할 수 있게 되고, 원자폭탄을 만들게 되고, 물리학과가 생겨나고, 대단한 과학교육의 열기가 생겨나고, 나사와 같은 엄청난 기관이 생겨나고, 스페이스를 탐색하는 엄청난 예산과 부대산업들이 생겨난다. 훌륭한 사람을 숭상한다 하는 것은 곧 이러한 자본주의적 문명 전체의 구조와 유기적 관련을 맺고 있는 것이다.

현인을 숭상치 않으면 백성이 다투지 아니하고(不尙賢, 使民

不爭), 얻기 어려운 재화를 귀하게 만들지 않으면 백성이 도둑놈이 되지 아니하고(不貴難得之貨, 使民不爲盜), 욕심낼 만한 것을 보여주지 않으면 백성의 마음이 어지럽지 않게 된다(不見可欲, 使民心不亂)라는 이 세 마디의 언급속에서 노자는 인간의 사회제도의 가장 본질적인 측면인 자본주의의 모든 것을 말하고 있는 것이다.

자본주의가 인간의 욕망의 인센티브에 기초한 인간사회의 本然이라고 한다면 노자는 그것을 本然의 그 모습대로 시인하기만 하는가? 물론 그럴 수는 없다. 노자가 말하려는 것은 本然에 대한 當然이다. 공산주의라는 것도 20세기에 인류가 자본주의라는 본연에 대하여 시도한 하나의 當然이다. 자본주의가 인류의 현실적 모습이라고 한다면 공산주의는 인류가 실현해야 할 이상적 모습으로 제시되었던 것이다. 자본주의가 유욕의 현실이었다면 공산주의는 무욕의 이상이었던 것이다. 그러나 항상 當然(must)은 是然·本然앞에 무기력하다. 그것은 1세기의 좌절로 끝나버렸던 것이다. 어쩌면 그것은 자본주의의 자기갱생의 한 방편으로서의 안티테제에 지나지 않은 것이었을 지도 모른다.

사회·경제체제에 대하여, 노자는 국가의 개입을 원하는가, 완전한 방임을 원하는가? 이에 대한 노자의 입장은 매우 복잡하다. 일단 노자의 정치철학은 철저한 자연주의, 즉 스스로 그러한 자연에 맡긴다는 입장을 일관되게 취함으로, 외면적으로는 제도의 개입이 없는 무정부적 방임주의처럼 보일 수 있다. 그러나 3장의 분석은 우리에게 그렇게 간단한 해답만을 허용하지는 않는다.

유위라는 것은 이미 인간세에 엄존하는 죄악이다. 그러나 유위에 대하여 무위를 제시한다고 하는 것이, 단순한 방임의 수단으로 인하여 유위가 무위로 갈 수 있다고 하는 것을 의미하지는 않는다. 다시 말해서 유위를 무위화할 수 있는 구체적인 장치가 없이는 유위의 치달음을 억제할 길은 없다. 물론 노자는 유위를 무위화시키는 또 하나의 유위적 방법론을 제시하지는 않는다. 그러나 『노자』라는 텍스트를 해석하는 우리의 입장에서는 그러한 억제의 방법론의 전제를 배제할 수는 없는 것이다.

유위가 저지르는 문제를 우리는 유위적 방법에 의하여 다 해결할 수는 없다. 그것은 유위의 악순환이다. 다시 말해서 자본주의라는 유위를 해결하는 방법이 공산주의라는 또 하나의 유위일수는 없다는 것이다. 자본주의의 제도적 문제를 공산주의라는 제도로 대치시키려고만 했다는데 사회주의 진영의 크나큰 실패가 있었다. 맑스는 인간의 유위적 욕망의 세계를 분석하는데만 주력했지, 그 욕망을 지어내고 있는 인간성 그 자체의 심연의 분석이 없었다. 욕망의 구체적 실현으로 나타나는 "노동"의 긍정과, 그 노동의 가치적 분배, 그것을 보장하는 제도적 개혁만을 생각했다. 맑스에게는 제도론만 있었고, 인성론이 없었다. 유위의 긍정의 다른 양식만이 존재했고, 유위의 본질적인 부정 즉 무위론이 없었다. 이것이 맑스와 노자가 크게 다른 점이다.

노자는 자본주의에 대한 방임을 허락하지 않는다. 그는 본 장에서 "聖人之治"(성인의 다스림), 즉 국가의 개입을 명백히 암시하고 있다. 그러나 그가 말하는 국가의 개입은 제도적 개입이 아니다. 그것은 인간의 본연에 대한 재인식인 것이다. 다시 말해서 인간이 爭의 현실로만 치닫는 것, 인간의 욕망의 극대화라는 경향성은, 본래적인 본연이 아니라 문명이 장난질 쳐놓은 왜곡된 本然일 수 있다는 것이다. 다시 말해서 有爲에 대한 無爲가, 더 인간의 本然의 모습에 가까울 수 있다는 새로운 인식, 그러한 사고의 회전이, 우리는 노자에게서 요청되고 있다는 사실을 발견하게 되는 것이다. 노자는 不爭을 말하고, 不尙賢을 말하고, 不貴를 말하고, 不見을 말한다. 그것은 聖人之治의 임페라티브인 것이다.

이것은 곧 인간세의 자본주의적 경향성 그 자체의 제도적 부정을 의미하는 것은 아니다. 그러한 경향성에 逆行하는 방향에서 국가의 개입이 이루어져야 한다는 것을 말하고 있는 것이다. 즉 자본주의가 왜곡된 인간의 本然이라고 한다면 자본주의와 공

존하는 인간의 모든 문화는 비자본주의적 인간의 본연을 지향해
야 한다는 것이다. 자본주의가 생명력을 가지려면 자본주의를
떠받치고 있는 인간세의 문화가 비자본주의적이어야 한다는 역
설을 노자는 말하고 있는 것이다. 자본주의는 인간의 욕망을 극
대화시킨다. 그러나 욕망에 대한 포지티브 피드백은 인간 자체
의 파멸을 초래할 뿐이다. 욕망에 대한 피드백은 반드시 네가티
브해야 하는 것이다. 자본주의는 문명을 창출하는 가장 효율적
인 방편이다. 문명은 결국 인간의 나태와 안락을 위한 것이다.
그런데 인간의 문명은 반드시 반문명적 문화의 역설을 지닐 때
만이 지속성을 지닐 수 있다.

不見可欲! 욕심낼 만한 것을 보여주지 말라! 욕심낼 것을
계속 보여주는 것만이 우리는 자본주의라 생각하기 쉽다. 그러
나 욕심낼 것만을 끊임없이 생산하는 악순환은 결국 자본의 파
괴와 자연의 파괴와 인간의 파괴를 가져온다. 그러한 인센티브
를 억제하는 방향에서 국가의 개입, 즉 성인의 다스림이 이루어
져야 한다는 것이다. 인간의 비극은 이미 "도가도비상도"에서
시작된 것이다. 인간은 可道之道의 언어로 진입하면서 이미 문
명으로 진입한 것이다. 그리고 인간은 자신의 본성을 왜곡하기
시작한 것이다. 성인의 다스림은 이러한 歪曲을 다시 역으로 解
曲시키려 하는 것이다. 見可欲의 현실에 대해 성인의 다스림은,
우리의 자손들의 교육이 不見可欲의 反文明的 역행방향으로 이

루어져야 한다는 것을 주장하고 있는 것이다. 인간의 나태와 안락을 최소화시키는 反文明의 문화를 창출해야 하는 것이다.

자본주의 사회에 있어서 모든 교육의 모랄은 철저히 비자본주의적이어야 하는 것이다. 그것은 不尚賢·不爭의 교육이어야 하는 것이다. 자본주의 사회라고 해서 자본주의 사회의 문화마저 자본에 종속시킨다면 그것은 인간의 파멸을 가져올 뿐이며, 자본의 해체만을 가져올 뿐이다. 비자본주의적 인간의 본연의 보존만이 자본의 축적을 가능케 하는 것이다. 교육마저 자본주의적 爭의 효율을 위한 모랄에만 종속된다면 그 사회는 건강한 자본의 싸이클을 보장받을 수 없는 것이다.

그러므로 성인의 다스림(이상적 정치)은 그 마음을 비워(虛其心) 그 배를 채워주고(實其腹), 그 뜻을 약하게 하여(弱其志) 그 뼈를 강하게 해준다(强其骨). 여기서 心이란 인간의 타율신경계의 모든 복잡한 이론을 말한다. 腹은 인간의 자율신경계의 상징이다. 자율신경계의 특징은 "스스로 그러함"이다. 그것은 곧 "自然"이다. 그것은 곧 無爲를 말하는 것이다.

유위	무위
마음(心)	배(腹)
뜻(志)	뼈(骨)

우리 몸의 뜻(志)이란 간사한 것이다. 이랬다 저랬다 마음먹기에 따라 제멋대로 왔다갔다 할 수 있는 것이다. 그러나 뼈는 우리의 사유가 쉽사리 먹히지 않는다. 그것은 나의 몸을 지탱하는 가장 근원적인 것이면서도 말이 없고, 생각이 없다. 그것은 묵묵히 바윗덩어리처럼 거기 있을 뿐이다. 인간의 뜻이란 쓸데없는 일을 벌리기 좋아한다. 욕망의 지향성에 따라 많은 유위의 세계를 지어낸다. 그러나 그것은 나의 뼈를 갉아먹기만 하는 피곤일 수도 있는 것이다. 우리가 살아 "뜻 있는 일을 했다"고 하는 많은 자위감은, 때로는 하잘 것 없는 유위적 문명의 장난의 한 굴레일 수도 있다. 네 뜻을 약하게 하고 네 뼈를 강하게 해라 ! 왜 그렇게 바보스럽게 마음을 가득 채울 생각만 하느뇨? 마음일랑 비우고 배나 채우려므나 ! 불행한 소크라테스가 행복한 돼지보다 낫다는 것은 우리의 도덕적인 상념이다. 그러나 노자는 그러한 상념에 브레이크를 건다. 마음을 비우고 네 배때기나 불려라 ! 생각없이, 배때기나 불리는 인간이 노자의 理想은 아니다. 그러나 과연 소크라테스의 불행이 진정 우리 문명을 위하여 필요한 불행인가 하는 것에 대한 심각한 재고가 요청된다는 것이다. 인간은 마음으로 사는 것이 아니라, 배로 산다 ! 이것은 우리의 통념을 깨는 노자의 지혜. 그리고 이것은 뇌중심의 서양 인체해부학에 대하여 오장육부 복부중심의 한의학적 인간학의 지혜로운 가치에 대한 새로운 인식을 요청하는 것이다.

항상 백성으로 하여금 무지·무욕하게 하라! 常使民無知無欲! 이 노자의 한 마디를 내가 처음 들은 것은 1969년 안암동의 강의실에서 였다. 아주 가냘프기 이를 데 없는 자그마한 선생님, 소근소근 귓속말씀 하시듯 잔잔하게 미소짓는, 우리시대의 老莊의 석학, 김경탁선생님의 강의속에서 였다. 왜 위대한 통치자인 성인은 백성을 무지하게 만들고, 뭇 사람을 무욕하게 만드는가? 얼핏 어린 소년인 나에게는 이해가 되질 않았다. 그렇지만 그 언어의 과격성과 그 신랄한 역설은 나의 가슴을 시원하게 파고 들었다. 나는 지금 유식해질려고, 有知해질려고 이 老子五千言을 공부하고 있거늘, 내가 공부하고 있는 老子선생님께서는 나를 무지스럽게 만들려 하신다. 뭔가 해결되지 않는 숙제가 남았지만 통쾌하고 장쾌했다! 백성을 무지하게 만들고, 무욕하게 만들라! 이 한 마디 때문에 儒家사상가들은 『老子』一書를 愚民정책의 이단서로 휘몰았다. 이 한 마디 때문에 『老子』는 萬古의 禁書가 된 것이다. 어떻게 성인이 백성을 무지스럽게 만든단 말인가?

여기 내가 대학교 때 『老子』一書에서 받은 충격 때문에 평생을 지키게 된 습관을 하나 고백하지 않을 수 없다. 이것은 지금 이 글을 쓰고있는 나 도올의 존재의 파라독스요, 가려움이다. 나는 평생 테레비를 보고 살지 않았다. 나는 평생 신문을 집에서 구독해 보고 살지 않았다. 그러면서 나는 신문에 글을 쓰고, 그러면서 나는 테레비에 시청률을 끌려는 속된 방송을 하고 있는 것이다. 이것이 나 존재의 기만성인가? 한국사람으로서 한국사회에서 살면서 평소 테레비를 보고 살지 않는다는 것은 얼핏 상식적으로 생각하면 밋션 임파시블처럼 들린다. 어떻게 그럴 수가 있는가? 그런데 사실 나는 그렇게 무지한 가운데도 半세기를 무난히 살아왔다. 그러면서도 정보에 어두운 사람이라는 소리는 안들었다.

우리 인생은 지금 문명속에 있다. 문명은 현재 너무 지나친 정보와 지식의 덩어리다. 문명 속에 살고 있는 우리 인간은 이 물밀듯이 닥쳐오는 정보와 지식에서 소외되면 한 시도 못살 것 같은 착각속에 빠질 수밖에 없다. 그러나 잘 생각해보라 ! 테레비를 집에서 안봐도 市內를 잠깐 나갔다와도, 요즈음은 사방에 테레비가 보인다. 길거리에 달려있는 대형 테레비에 나오는 타이틀만 보아도 모든 정보가 한눈에 압축해서 들어온다. 구태여 집에서 테레비 보느라고 시간쓰고 앉아있을 이유가 없다. 누가 보고서를 썼느니 누가 서류를 훔쳤느니 빼냈느니 북풍이 어쩌니 총풍이 저쩌니 물방울 다이아가 쌓여 있었느니 달러뭉치가 냉장고에 차있었느니, 신창원이가 신출귀몰 돌아다니고 있느니, 잡혔느니…… 이런 정보를 만드는 사람들은 시시각각 촉각을 곤두세우고 생애의 모든 정력을 기울여 그러한 정보의 일련의 작품을 만들고 있지만 한달만 지나놓고 보면 그것은 단 한 줄의 스치는 이야기도 안되는 내용일 수도 있다. 그런데 전 국민이 한 달동안 그러한 정보의 흐름의 작품 속에 매달려 살고 있는 것이다. 과연 이것이 정보인가? 과연 이것이 지식인가? 우리가 학교에서 배우는 그 많은 지식도, 신문을 한달동안 장악하는 엄청난 정보가 지푸라기 한조각의 가치도 없을 수 있는 것과도 같이, 우리삶에 한오라기 지푸라기의 가치조차도 없는 것일 수도 있다. 이러한 정보에 대한 무지를 우리는 과연 無知라고 불러야 할까? 내가 무엇인가 딴데 열중했기 때문에 신문을 일년동안 전혀 안봤다고 치자 ! 일년후에 논설위원 한분과 까페에 앉아 한 시간만 잡담을 나누어도 일년 신문의 정보가 다 내 머리속에 들어올 수도 있다. 그리고 그러한 정보가 나에게 일년 늦게 입력되었다고 내 인생에 무슨 큰 타격이 있을리도 만무하다. 그리고 더더욱 나보다 더 그런 정보에 둔감하게 살아도 되는 사람들이 소위 우리 백성의 99%를 형성한다고 확언해도 큰 무리가 없는 발언이다. 도대체 왜 우리 백성은 이렇게 지식과 정보에 시달려야 하는가? 노자가 말하는 것이 과연 無知일까? 노자가 말하는 것은 무지(Ignorance)가 아니다. 무식함을 말하는 것이 아니다. 노자의 무지는, 인간이 무관심할 수 있는 상황에서 무관심할 수 있는 여유, 그리고 불필요한 지식에 오염되지 않은 영혼의 순결함(Purity), 그리고 인격의 소박함, 그리고 생활의 단순함(Simplicity)이다. 순결, 소박, 단순 ! 이런 것들을 노자는 "무지무욕"이라 부르고 있는 것이다.

노자는 연이어 말한다: "그놈의 지혜롭다고 하는 자들로 하여금 감히 좀 뭘 한다고 뎀벼들지 못하게 하라!"(使夫智者不敢爲也). 나는 어쩌다 그 유명하다는 하바드대학을 나왔다. 그런데 하바드대학 동창회에 해당되는 것이 한국에 있다. 하바드 클럽(Harvard Club)이라는 것이 그것이다. 그런데 이 하바드 클럽 속에는 우리나라에서 내노라 하는 벼라별 잡동사니가 다 들어 있다. 학계, 재계, 언론계, 정치계, 법조계, 종교계 …… 도무지 안들어 있는 사람이 없는 것 같다. 그렇다면 나는 묻겠다. 왜 이렇게 벼라별 어중이 떠중이가 다 하바드를 나왔는데 왜 우리나라가 요모냥 요꼴이냐? 모든 사람들이 자기 자녀를 하바드대학에 보내면 훌륭한 사람이 될 것이라고 향학열에 불타있는데, 서울대학 보내지 못해 안달인데…… 생각해보라! 우리나라가 과연 하바드대학 나오고 서울대학 나온 사람이 없기 때문에 매일매일 독직, 오직, 사직 사건이 터지고, IMF가 터지고, 폭력, 테러, 왕따, 강간, 살인, 음흉한 음모 사건이 터지고 또 터진단 말인가? 이것이 도무지 누구의 죄인가? 문명의 죄업을 한번 총체적으로 점검해보자! 지식을 소유했다 하는 사람들(知者), 지혜롭다고 자처하는 사람들(智者), 이들이 없기 때문에 생긴 문제인가? 이들이 너무 많기 때문에 생긴 문제인가? 우리나라가 과연 무식해서 탈인가? 유식해서 탈인가?

19세기 말기쯤만 해도 우리는 우리 자신을 너무 무지하다고 생각했다. 동양의 학문의 모든 것은 무지의 바탕일 뿐이라고 생각했다. 그래서 우리는 유지(有知)를 동경했다. 무지를 탈출해서 유지의 나라로 갈 것을 동경했다. 그것을 우리는 개화(開化)라고 불렀다. 어둠을 탈피하여 밝음으로 가리라고 생각했다. 그것을 우리는 개명(開明)이라 불렀다. 그래서 우리는 서양의 학문을 배우고, 서양의 종교를 배우고, 서양의 예술을 배워야 한다고 생각했다. 과학을 받아들이고, 기독교를 신앙하고, 자본주의를 가속화시키고, 민주주의를 갈망했다.

이광수의 소설에 깔려있는 정조나, 심훈의 『상록수』를 생각해보라! 우리 개화기의 제비새끼 같은 아동들은 얼마나 지식의 열망속에 불타 있었던가? 사각모에 망또를 걸친 이수일, 심순애와 비극적 사랑을 나누는 이수일이 그 얼마나 동경의 대상이었던가? 그런데 이렇게 열렬한 갈망속에 한세기를 보내고 난 우리 민족이 이제 우리 자신을 한번 되돌이켜 보자! 우리가 그렇게도 얕보았던 우리 전통사상의 지혜는 우리의 일세기를 근원적으로 반성케하는 21세기적 비젼을 제시하고 있는 것이다.

우리의 20세기가 무지로부터 유지에로의 탈출이었다고 한다면, 노자는 말한다. 우리의 21세기는 유지로부터 무지에로의 탈출이 되어야 한다고. 노자가 과연 우민사상가일까? 무지로부터 유지에로의 탈출이 그 얼마나 어려운 일이었던가? 생각해보라!

나 김용옥의 일생을! 유지에의 갈망 때문에 애를 태우며 그 얼마나 많은 어프리케이션을 내고, 그 얼마나 많은 학점과 디플로마를 따야 했는가? 그 얼마나 많은 장학금을 주선해야 했으며 피땀맺힌 향학의 열정적 시간들을 보내야만 했는가? 이런 김용옥이 수천수만명이 모여져서 만들어진 세기가 우리 조선민족의 20세기가 아니었든가? 생각해보자! 무지로부터 유지에로의 탈출이 그토록 어려웠다고 한다면, 유지로부터 무지에로의 탈출 또한 그토록 어려울 수밖에 없다고 말하는 노자의 슬기를 우리는 이 3장을 읽으며 자각해야 하는 것이다. 여기서 우리는 노자철학의 매우 철저한 반주지주의적(anti-intellectualistic) 情調를 발견하게 되는 것이다. 그리고 이러한 老子의 반주지주의적 정조를 이해하면서 내가 서두에서 말한 21세기 문명의 3대 과제, 인간과 환경의 어울림, 종교와 종교의 어울림, 지식과 삶의 어울림이라는 화해의 주제를 상기할 필요가 있을 것이다.

개화나 개명, 발전이나 진보보다 더 중요한 것은 바로 개화나 진보를 가능케 할 수 있는 존재의 근원으로의 회귀인 것이다. 직선적 발전을 가능케 하고 있는 원융한 순환의 무한성을 파괴해서는 아니되는 것이다. 그것은 이후에 나오는 "虛"(빔)라는 주제와 관련시켜 다시 한번 깊게 생각해보아야 할 것이다.

제일 마지막 절의 "爲無爲, 則無不治"라는 말은 텍스트의 문제와 더불어 노자사상의 근원적 성격에 관하여 많은 논란의 실마리를 제공하는 구절이다. 먼저 無爲란 문자 그대로 "함이 없음"이다. 그런데 無爲라는 동명사구문을 목적어로 받는 본 동사를 보아라! 무엇으로 되어 있나?

동사(V)	목적어(O)
爲	無爲
함	함이 없음을

함이 없음을 함(爲)이라고 하는 매우 이율배반적인 동사로 되어 있다. 함이 없음이란 곧 "함"의 소실인데, 어찌 또 "함이 없음"을 "한다"는 말인가? 논리적으로 보면 함이 없음을 한다는 것은 분명히 형식논리적 모순이다. 그러나 노자가 말하건대 인간의 언어는 형식논리가 아니다. 형식논리는 오로지 수학에만 가능한 것이며, 수학은 과학언어의 방편일 뿐이다. 물리학자가 쓰는 일상언어 조차도 형식논리적으로는 모순투성이일 수밖에 없는 것이다. 인간의 언어를 형식논리화할 수 있다는 20세기의 분석철학(Analytic Philosophy)의 믿음은 컴퓨터 언어의 뼈대

를 제공하는데 수단적 가치가 조금 있었을지는 몰라도, 인간의 문제를 해결하는데는 아무런 도움을 주지 못한 자격미달의 철학이었을 뿐이다. 분석철학자로 우리가 알고 있는 비트겐슈타인은 어떤 의미에서 분석철학의 기본 이념을 파괴하고자 했던 장본인이었다.

따라서 노자가 말하는 "함이 없음"이란, 함의 부재를 말하는 것이 아니다. 그것은 어디까지나 명백하게 함의 대상(목적)으로서의 "함이 없음"이다. 無爲란 곧 爲의 부정이 아니라 爲의 긍정이다. 無爲는 인간의 욕망과 분별과 허위의식과 교만의식과 居功의 집착에서 나오는 작은 爲가 아니라, 그러한 모든 有爲를 넘어서는 커다란 爲(大爲)인 것이다. 그것은 爲의 부정으로서의 無爲가 아니라, 곧 無的인 爲인 것이다. 僞가 사라진 순수爲인 것이다. 그러므로 인간은 "함이 없어야"되는 것이 아니라, "함이 있어야"하는 것이다. 즉 無爲를 爲해야 하는 것이다. 無爲를 적극적으로 실천해야 하는 것이다. 노자는 한순간도 저 푸른 수풀속 암자에서 도를 닦고 앉아 있는 道人의 無爲를 말하지 않는다. 노자는 은자의 도가 아닌 현자의 도를 말하며, 피세의 진리가 아닌 적극적 개세(改世)의 진리를 말하는 것이다. 노자는 현실의 혐오를 말하는 것이 아니라, 현실의 사랑을 말하는 것이다. 爲無爲 ! 즉 노자가 말하는 無爲는 적극적 爲의 대상이다. 그것은 마치 『금강경』에서 여래가, 이 세계는 세계가 아니기 때문에 오히려 세계라 이름할 수 있고, 모든 모습(相)은 모습이 아니기 때문에 오히려 모습이라 이름할 수 있다고 말한 것과 같다.

여태까지는 "如來說世界非世界, 是名世界。"(13-7), "如來說三十二相卽是非相, 是名三十二相。"(13-9) 등의 구문을 "이것의 이름이 단지 세계요," "이것의 이름이 단지 相"이라고 하여, 世界와 相을 名言으로서 부정한 듯이 잘못 이해하였다. 그러나 『금강경』의 說法은 이름할 수 없는 것에 대한 가르침이 아니요, 이름할 수 있는 것, 이름해야 하는 것에 대한 가르침이다. 그러나 우리가 이름할 수 있기 위해서는 그 이름 이전에 우리의 사유의 전향이 있어야 한다는 것이다. 그것은 세계가 곧 세계가 아니요, 구원이 곧 구원이 아니요, 나의 相이 곧 나의 相이 아니라고 하는 철저한 我相(我想)의 부정이다. 그러나 구극적으로 세계는 세계요, 구원은 곧 구원이요, 나는 곧 나인 것이다. 노자의 無爲도 함의 기피가 아니라, 어떻게 우리가 해야 하는가를 가르치는 적극적인 사회철학이요, 정치철학이요, 구원의 진리며, 처세의 행동이다.

이러한 우리의 논의가 노자에 대한 우리의 해석이 아니라, 노자 자신의 강력한 발언이라는 것은 바로 "爲無爲"를 조건절로 하고 있는 최후의 주절에서 여실하게 증명된다. 爲無爲! 그 다음에 노자는 무어라 말했던가? 無不治 !

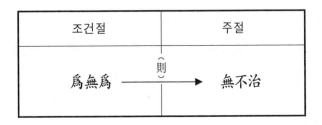

조건절	주절
爲無爲 ──(則)──▶	無不治

　노자는 治(다스림)를 거부하는 철학이 아니요, 곧 治(다스림)
의 철학인 것이다. 노자의 철학은 치세의 철학이요, 노자의 無爲
는 곧 치세의 방편인 것이다. 爲無爲하면 어떻게 되는가? 無不
治하게 된다는 것이다. "無不"은 이중부정이다. 그것은 곧 "다
스려지지 않음이 없다"가 된다. 즉 "함이 없음을 함"은 "다스려
지지 않음이 없음"을 위한 것이다. 爲無爲는 피세의 방편이 아
니요, 완벽한 치세(治世)의 방편인 것이다. 노자의 정치철학의
요점은 곧 無爲(함이 없음)를 실천할 때, 그 사회의 지도자와 백
성이 다 함께 無爲를 실천할 때, 비로소 완벽하게 질서잡힌 사
회가 된다는 것이다. 治라는 것은 곧 "질서"를 말하는 것이다.
"治"는 "亂"(어지러움)의 반대말이다. 우리가 우리의 사회를
"다스린다"(治) 하는 것은 곧 그 사회를 "질서있게 함" 즉 "질
서지우는 것"이다. 爲無爲가 소극적 人性의 주장이 아니라 無

不治의 적극적 治世의 주장이라는 것은 바로 이 3장의 마지막 구절에서 명료하게 드러나는 것이다.

그런데 이 마지막 구문과 관련하여 재미난 판본의 문제가 있다. 이 3장 마지막 구절과 동일한 내용을 전하는 유명한 "無不爲"의 구문이 37장과 48장에 나오고 있다.

3장	爲無爲, 則無不治。
37장	道常無爲, 而無不爲。
48장	無爲, 而無不爲。

37장과 48장의 "無不爲"의 맥락은 뒤에서 다시 상술하겠지만, 이미 無不治의 논의의 맥락에 따라 우리는 이를 쉽게 해석할 수 있다: "道는 항상 함이 없음으로 곧 하지 않음이 없다."(37). "함이 없음에 이르게 되면 곧 하지 않음이 없게 된다"(48).

3장에는 無爲 앞에 爲가 있지만 37장, 48장에는 爲가 없다. 그러나 그 해석은 동일하다. "無爲"를 조건절로 본다면 그것은 "함을 하지 않으면"의 뜻이 된다. 함을 하지 않으면, 하지 않음이 없게 된다. 함이 없음으로 곧 하지 않음이 없다. "하지 않음이 없다"는 것은 되지 않는 일이 없을 정도로 무엇이든지 다 잘된다는 뜻이다. 無爲와 無不爲는 형식논리적으로 반대의 뜻이지만, 이 반대적 상황은 곧 일치되는 맥락에 놓이게 됨으로써 서로의 뜻을 명료하게 해주고 보강해준다. 無爲의 궁극적 존재의의는 無不爲라는 것이다. 그것은 爲無爲가 無不治를 전제로 한 것이라는 우리의 논의의 맥락속에서 쉽게 了解될 수 있는 것이다. 그런데 1973년 출토된 帛書는 현 今本의 체제와 거의 유사한 것임에도 불구하고 甲·乙 兩本에 모두, 공교롭게도 이 "無爲而無不爲" 구문이 빠져 있는 것이다. 37장의 경우는 "道恒無名"으로만 되어 있고, 48장의 경우는 그 부분이 마모되어 알 수가 없게 되어 있다.

當代의 고문자학의 대가인 高明先生은 『帛書老子』를 校注하면서 다음과 같은 결론을 내렸다:

　백서 甲·乙 두 본의 전면적 교감을 보고 난 후에, 나는 『老子』의 원본은 단지 "無爲"만 말했을 뿐이며, 기껏해야 "無爲而無以爲"를 말했을 뿐, "無爲而無不爲"를 말 한 적이 없다는 사실을 알게 되었다. "無爲而無不爲"의 사상은 본시 『老子』에서 나온 사상이 아니다. 그것은 戰國말기에 출현한 일종의 새로운 관념인 것이다. 이것은 곧 이 시기에 老子의 "無爲"思想에 대한 개조가 이루어졌다는 것을 의미하는 것이다. 이렇게 개조된 老子사상의 단편이 『莊子外篇』이나 『韓非子』, 『呂覽』, 『淮南子』 등의 책에 인용되어 나타나고 있는 것이다.

通過帛書甲乙本之全面勘校, 得知老子原本只講無爲, 或曰無爲而無以爲, 從未講過無爲而無不爲。無爲而無不爲的思想本不出於老子, 它是戰國末年出現的一種新的觀念, 可以說是對老子無爲思想的改造。曾散見於莊子外篇韓非子呂覽及淮南子等書。『帛書老子校注』(中華書局, 1998), p.425.

高明선생의 주장은 노자사상의 오리지날한 층대 속에는 無爲사상만 들어있지, 無不爲의 사상이 들어있지 않다는 것이다. 無爲만을 말했지, 無爲의 적극적 정치사회철학적 실천의 논리인 無不爲(되지 않는 일이 없다)는 말하지 않았다는 것이다. 『德經』제일 첫장인 38장에 나오는 구문을 인용하여 "(上德)無爲而無以爲(也)"까지 밖에는 말하지 않았다는 것이다. "無爲而無以爲"의 "無以爲"는 앞의 "無爲"의 내용을 부연하는 종속적 의미밖에는 없다. 즉 無爲는 구체적인 목적을 가지고써(以) 하는 행위(爲)가 아니라는(無) 뜻이다. 즉 無爲의 가치적 고착성을 거부하는 어떤 내용을 설명부연하고 있는 것이다. 따라서 "無不爲"의 사상은 정치철학적 관심이 증대된 전국晚期의 사상가들에 의하여 찬입되었거나 漢初의 黃老學派의 정치사상을 반영하는 후대의 프라그먼트(fragment)일 것이라는 것이다. 그리고 이러한 高明의 주장은 帛書의 출현이후 매우 강력한 지지를 얻었고, 또 학계에 그러한 老學의 발전경로가 정설로 받아들여지는 그러한 분위기가 무르익어가고 있었다. 그런데 異變이 터진 것이다. 新資料의 출현으로 고증가들의 시세는 치솟았다가 폭락하고 또 급등하기도 하는 요즘 증권시장의 꼬락서니 같다.

20년후, 1993년, 郭店楚墓가 출토되면서 문제가 되는 帛書의 부분과 일치되는 현행본 37장과 48장의 竹簡이 나온 것이다. 郭店竹簡에 문제가 되는 37장・48장의 부분이 모두 실려있는 것이다. 자아! 어떻게 되어 있을까? 이렇게 흥미로운 일이 또 있을까? 帛書보다 2세기가 앞선 竹簡자료에 동일한 부분이 있는 것이다. 해답은 너무도 명백하지 않은가?

1) 37장은 "道恒亡爲也"로 되어 있어, 그 부분은 오늘의 王本보다는 帛書本에 가깝게 되어 있다. 戰國中期 이상으로 거슬러 올라가도, 無라는 글자는 쓰이지 않았다. 여기서 亡은 無로 바꾸어 이해하면 된다. "無"의 古字가 곧 "亡"이다. 無는 춤춘다는 뜻인 "舞"라는 글자를 후대에 가차한 것이다. 그러니까 無라는 글자는 "없다"는 뜻과는 아무 관련이 없는, 단지 발음이 같아 빌려온 글자일 뿐인 것이다. 따라서 高明의 주장은 37장의 경우 디펜스가 가능하다. 그러나 48장은?

2) 48장은 "亡爲而亡不爲"로 정확히 오늘날의 王本과 一致
한다. 그럼 高明은 어떻게 되었나?

요즈음 세계적으로 노자철학계에서는 高明을 신나게 두드려
패는 논문이 난무하고 있다. 한마디로 高明은 똥이 되고 만 것
이다. 高明의 학설은 전혀 디펜스가 불가능해진 것이다. 高明은
누구나 가서 한번 안심하고 때려보는 동네북이 되고 말았다. 요
즈음 高明을 타이르는 유행어가 있다: "說有易, 說無難。"(무엇이
있다거나 긍정하는 설을 세우기는 쉽다. 그러나 무엇이 없다거나 부정하
는 설을 세우는 것은 어려운 것이다.) 까오밍先生! 조심허시게!
사실 새 자료를 보고 까오밍을 신나게 까는 놈들은 치사하다. 까
오밍처럼 새로운 학설을 세우느라고 고심했던 흔적도 없이….
그러나 48장의 竹簡資料는 이미 전국중기의 사실을 제공하는
문헌이므로, 無不爲사상이 전국말기의 날조라는 까오밍의 주장
은 물론 틀린 것이다. 다시 말해서 無爲而無不爲의 사상은 노자
의 원래 사상의 고층대에 속하는 것이다.

까오밍은 왜 그렇게 틀린 주장을 했을까? 그것은 바로 그가
문자학만을 좁게 천착하고 철학이나 사상을 넓게 섭렵하질 못했
기 때문에 생겨난 병통인 것이다. 너무 좁게 노자를 逐字的으로
바라 본 것이다. 帛書자료에도 분명히 제3장이 실려있고 그 乙
本에 "無不治"가 명시되어 있다는 것을 알아차린다면, 無不治

의 사상이 곧 無不爲의 사상과 동일한 논리구조라는 것을 인정했어야 했다. 無不治만 내가 새기듯이 바르게 생겼어도, 無不爲가 노자의 오리지날한 사상이 아니라고 주장할 근거는 성립할 수 없었다는 것이다. 그는 너무도 노자사상을 소극적인 無爲(함이 없음)의 修身哲學으로 좁게 규정했던 것이다. 그러나 노자無爲는 無不爲의 결과를 수반한다. 아니 無爲는 어쩌면 無不爲를 지향하는 방편적 無爲였을지도 모른다. 노자의 無爲는 결코 소극적 은둔이나 피세의 철학이 아니라 적극적 치세의 행동철학이요, 有爲의 세계를 無爲的으로 개변하려는 혁명의 철학이었던 것이다.

제3장은 앞서 말했듯이, 郭店竹簡에는 나타나지 않는다. 그러나 帛書本에는 정연히 수록되어 있다. 그리고 놀라웁게도, 오늘 우리가 보는 王本과 帛書 乙本의 내용은 2千2百년이라는 엄청난 세월을 隔하고 있음에도 거의 일치한다. 이것은 오늘 우리가 바라보고 있는 중국의 고전이 얼마나 정확한 傳承의 산물인가 하는 경이로운 사실을 말해준다. 帛書의 출토는 기본적으로 중국고전의 권위를 높여준 것이다. 그러나 王本과 帛書 乙本간의 주요한 차이를 여기 한번 샘플로서 제시해 본다.

1) "不尙賢"이 "不上賢"으로 되어 있다. "현인을 숭상하지 않는다"와 "현인을 높이지 않는다"는 별 차이가 없다. 尙과 上

은 통한다.

2) "使民心不亂"이 "使民不亂"으로 되어 있다. 心이 빠져 있다. 후대에 그 뜻을 더 정교롭게 하기 위해 "心"을 첨가한 것을 알 수 있다. "백성을 어지럽히지 않는다"와 "백성의 마음을 어지럽히지 않는다"에서 물론 전자의 표현이 더 총체적이고 단순하고 더 문장의 파라렐리즘에 적합하며, 더 고층대의 문헌이라는 것은 쉽게 추론할 수 있다.

3) "使夫智者不敢爲也爲無爲則無不治"의 구문이 "使夫知不敢弗爲而已則无不治矣"로 되어 있다. 이것은 좀 해설을 요한다.

우선 "智者"(지혜로운 자)가 "知"라는 한마디로 되어 있는 것도 흥미롭다. 知는 곧 "知者"의 약칭일 것이다. 그런데 知者를 "智者"로 바꾼 것은 후대에 "아는 자"에 대하여 그 어감의 강도를 높이기 위하여 "지혜로운 자"의 뜻으로 변화를 준 것으로 볼 수도 있고, 또는 별 뜻이 없는 通字일 수도 있다. 그러나 王本의 "智者"는 후대 문헌에서는 불교와 관련하여 "지혜의 부정"이라는 뜻마저 담는 어떤 효과를 자아냈을 것이다. 하여튼 智者보다는 知者가 그 원형임이 틀림이 없다.

그런데 더 재미있는 것은 그 다음의 구문이다. 만약 우리가 다음 구문을 쭉 붙여 읽으면 "使夫知者不敢弗爲而已, 則无不治矣."가 될텐데 그러면 그 뜻이 정반대가 된다: "대저 안다고 하는 사람들로 하여금 무엇을 하지 않는다고 하지 못하게 할 뿐이다, 그러면 다스려지지 않음이 없다." 다시 말해서 "不敢弗爲"를 붙여 읽으면 이중부정이 됨으로 "감히 하지 못하게 한다"가 아니라 "감히 하게 한다"가 되어버리는 것이다. 그러나 이러한 해석은 어떠한 경우에도 용납될 수가 없다. 그럼 어떤 해결책이 있는가? 다음과 같이 끊어 읽는 것이다.

> 使夫知不敢, 弗爲而已, 則无不治矣.

> 대저 안다고 하는 놈들로 하여금
> 감히 덤비지도 못하게 하고,
> 뭘 하지도 못하게 할 뿐이다.
> 그리하면 다스려지지 않음이 없다.

이것이 바로 古文字의 소략함이다.

그런데 王弼本계열의 사람들은 이 구문에서 "弗爲而已"를 앞쪽 구문 즉 "使夫知"에 연결시킨 것이 아니라, 뒤의 구문 즉 "則无不治矣"에 연결시킨 것이다. 그렇게 되면 실제적으로 위

문장은 이렇게 끊어진다.

> 使夫知, 不敢 弗爲而已, 則无不治矣。

그리고 "弗爲"를 "無爲"로 바꾸어 이해하면:

> 無爲而已, 則无不治矣。

가 될 것이다. 따라서 중간의 "而已"를 빼고 앞에 "爲"를 하나 더 첨가해서 문맥을 명료하게 만들면:

> 爲無爲, 則无不治矣。

가 될 것이다. 그리고 앞의 "使夫知, 不敢。"의 구문이 너무 소략함으로 知에 놈"者"를 하나 더 붙이고, 不敢의 숨은 뜻인 "爲"를 하나 첨가해서 그 문의를 쉽게 서술적으로 풀었을 것이다. 그리고 문장을 앞에서 종지시키는 어조사 "也"를 붙인다. 그리하면 다음과 같이 된다.

> 使夫知者, 不敢爲也。

帛書의 古文이 어떻게 오늘의 王本의 모습으로 변모해갔는지 그 변모의 과정을 이렇게 兩者 텍스트를 비교해 보면 명료하게 알 수가 있다. 이러한 작업이 바로 우리 전문가들이 하는 작업인데, 지금 이것은 대중방송을 위한 저술임으로 이런 작업을 일일이 다 밝힐 수가 없다. 매 장의 文字를 이렇게 다 풀면 아마도 수십만장의 원고라도 모자랄 것이다. 단지 우리 독자들이 알아야 할 것은 『노자』를 겉으로 보면 아주 단순한 몇마디의 말같이 보이지만 그 말 이면에는 독자들이 상상도 할 수 없는 엄청난 문헌의 방대한 논의들이 역사적으로 축적되어 왔다는 것이다. 『노자』 하나만 하더라도 최소한 『신약성서』 보다는 더 오랜 시간에 걸쳐 더 많은 인구에 의하여 독송된 문헌이라는 아주 단순한 사실부터 재인식해야 한다는 것이다. 1·2·3장은 『노자』 텍스트의 전체를 응집시킬 수 있을 만큼의 중요한 내용을 담고 있어 조금 자세히 서술한 것이다. 그리고 그 중에서도 1장은 워낙 내용이 방대하여 그것을 2장·3장만큼도 상세하게 논의치 못하고 지나친 것을 좀 유감스럽게 생각한다. 첫장부터 너무 본격적으로 강의를 해대면 사람들이 기가 질려서 아예 『노자』 읽기를 포기할지도 모른다는 생각 때문에 가볍게 탓치하면서 지나쳤으나 그것은 『노자』 전체를 읽고 난 후에 다시 깊게 생각해보는 것이 좋겠다. 강의 속에서는 보다 깊게 언급하겠다.

4) 그리고 마지막으로 한가지 중요한 텍스트의 사실을 말해주고자 한다. 王本과 帛乙本의 제일 마지막 구절을 한번 비교

해보자 !

王本	爲無爲, 則無不治。
帛本	弗爲而已, 則无不治矣。

　王本을 보면 "而已"와 "矣"와 같은 소위 虛詞가 빠져 있고 아주 간결한 느낌이 드는 반면, 帛本을 보면 그런 허사가 불필요하게 많이 들어 있는 듯 하여 아주 너저분하고 구질구질한 느낌이 든다. 얼핏 생각할 때, 어떠한가? 너저분하고 구질구질한 문장이 古代 문장일까? 간결하고 절제된 문장이 古代 문장일까? 우리의 일반적 상식은 帛書가 出土되기 이전까지만 해도 漢文의 문체스타일이 간결한데서 지리한데로 발전했다고 생각하는 것이었다. 現 王本의 문장같이 허사가 빠진 간결한 문장이 더 고대의 문장이고 후대로 내려오면서 허사가 첨가된 것으로 생각해왔던 것이다. 그런데 帛書의 出土로 이러한 文法學의 상식이 一變하게 되었다. 허사가 많고 구질구질한 문장이 훨씬 더 古拙한 고층대의 문법에 속하는 문장이라는 사실이 밝혀진 것이다. 고대로 올라갈수록, 일례를 들면, "也"니 "矣"니 하는 허사가

많이 쓰였고 후대로 내려오면서 이러한 허사가 刪消되어 오히려 간결하고 질박하게 보이게 되었다는 것이다. 이것은 우리의 상식을 뒤엎은 사건이다. 그리고 더더욱 재미있는 사실은 요번 새로 발굴된 竹簡本도, 王本과 같이 간결하지 않고, 帛書本처럼 허사가 많아 그 文詞가 蔓衍하다는 사실이다. 이로서 戰國시대의 문장은 요새 우리가 생각하는 古文보다 훨씬 더 字數의 리드믹한 일치가 없는 구질구질한 문장이라는 사실이 입증된 것이다.

이것은 과연 무엇을 의미할까? 나는 이렇게 생각한다. 이 帛書나 簡書의 문체는 우리가 생각하는 순수한 文言文(문장을 쓰기 위한 문체)이 아니라, 바로 당시의 口語에 가까운 모습이었다는 것이다. 완벽한 言文一致의 문장인지는 알 수가 없어도 옛사람들은 참으로 말을 간결하게 했으며, 그 간결한 말 끝에 그 의미의 단락을 주기 위하여 구어적으로 생동감 있는 허사들이 많이 붙었을 것이라고 나는 추정하는 것이다. 이 帛書나 簡書를 생각하면서 나는 『論語』의 문체를 떠올린다. 『논어』의 문체는 유독先秦古文 중에서도 허사가 많기로 유명하다. 아마도 『논어』의 문체야말로, 당시의 살아있는 구어의 문체를 보존하고 있는 귀중한 문헌으로 우리는 재인식해야 할 것이다. 이것은 내가 斯界의 전문지식을 추구하는 젊은 학도들을 위하여 한마디 첨가하는 나의 소박한 소견이다.

KWOOZ

四章

道沖,
도충,

而用之或不盈。
이용지혹불영.

淵兮!
연혜!

似萬物之宗。
사만물지종.

挫其銳, 解其紛;
좌기예, 해기분;

和其光, 同其塵。
화기광, 동기진.

湛兮!
담혜!

似或存。
사혹존.

吾不知誰之子,
오부지수지자,

象帝之先。
상제지선.

넷째 가름

도는 텅 비어있다.

그러나 아무리 퍼내어 써도

고갈되지 않는다.

그윽하도다 !

만물의 으뜸 같도다.

날카로움을 무디게 하고

얽힘을 푸는도다.

그 빛이 튀쳐남이 없게 하고

그 티끌을 고르게 하네.

맑고 또 맑아라 !

저기 있는 것 같네.

나는 그가 누구의 아들인지 몰라.

하나님보다도 앞서는 것 같네.

"레지 아가씨! 커피좀 더 채워줘요!"

"그 만큼 찼으면 됐지 뭘?"

"인색하게 굴지말구 컵에다 좀 더 부으라구."

우리가 대학다닐 즈음, 요즈음과는 사뭇 달라진 광경이지만, 학교앞 우중충한 다방에 앉아 커피를 마시는, 푸루죽죽한 교복 입은 대학생들의 모습은 한없이 심각하고 표정이 무거웠다. "레지"라는 것은 "레이디"(lady)의 와전인 듯, 다방에서 차를 나르는 아가씨들을 부르던 이름이다. 그런데 커피라면 요즈음과 같은 향긋한 내음새나는 원두커피를 갈아 먹는다는 것은 상상도할 수 없는 꿈이었다. 커피라면 모두 인스탄트 가루커피! 그것도 뿌연 연유를 집어넣고 설탕을 있는대로 네다섯 숟갈씩 퍼넣고 먹었으니 사실 커피맛이라기 보다는 커피를 빙자하여 당분을 섭취하는 쾌감이었을 것이다. 당시의 비리비비한 대학생들은 단것을 섭취할 길이 도무지 없었으니까. 그런데 문제가 되는 커피가 진짜가 희귀했다. 그 인스탄트 커피조차 요새처럼 정식으로수입되는 제품이 없었고, 모조리 동두천이나 평택 등지의 피엑

스에서 빠져나온 불법제품인데, 그 주변에는 가짜 제조공장이 많았다. 콩을 태워 어떻게 만드는 모양인데 그런 커피는 물에 타 보면 새카만 색소가 먼저 번지는 모습이 보인다. 게다가 더 기발한 것은 다방 자체에서 "꽁피"를 제작하는 것이다. 그것은 다방에 손님들이 피우고 잿털이에 놓고 간 담배꽁초들을 한 냄비에 몰아넣고 끓여 커피와 섞으면 커피 비슷한 맛이 나는 것이다. 옛날에는 "꽁피"가 아주 끔찍한 것이라 생각했는데, 지금 생각해 보면, 악성 색소와 새까맣게 탄 콩가루를 타서 만드는 화학성의 위조커피보다는 아예 꽁피가 더 위생적이고 맛도 좋았던 것 같다. 어차피 커피나 담배나 모두 자연물이고, 카페인의 사촌지간인데다가, 맛도 비슷한 것들이기 때문에, 꽁피의 발상이 생각하는 것 만큼 그리 악질적인 것은 아니다.

이렇게 커피가 귀하던 시절, 안암동 주변 다방에서 나오는 커피가 오죽했으랴! 게다가 양심적인 맥심이나 네스카페 등의 진짜 커피가 나온다 하더래도 레지는 컵에다가 문자 그대로 커피를 삼분의 일 정도 밖에는 안따라가지고 나오는 것이다. 돈 없는 대학생, 어쩌다 큰 맘먹고 300원을 준비해서 들어 갔는데 커피잔 한잔의 삼분의 이가 텅 비어있으니 부화가 날 수밖에! 책상위에 동전을 두드리며 얌체같은 레지아가씨와 실갱이를 벌이고 있는 모습은 우리시대의 매우 흔한 광경이었다.

노자철학에 있어서, 아니 이것은 노자철학이라기 보다도 중국 철학, 아니 동양인 사유전반에 깔린 중요한 테제중의 하나가 모든 존재는 존재 그 자체로서 존재하는 것이 아니라, 오로지 그 존재가 지니는 기능(用, Function)에 의하여 존재한다는 것이다. 보다 정확하게 말하면 모든 존재는 객관적으로 그 자체로서 존재하는 것이 아니라, 그 존재를 존재이게끔 하는 어떤 기능에 의하여 그 존재가치가 결정된다고 보는 것이다. 어느 존재가 존재가치가 없으면 그것은 실제로 존재하는 것이 아니다. 이것은 매우 실용주의적 생각일 수도 있다. 그러나 동양인들은, 인도인들도 그렇고 중국인들도 그렇고 객관적으로 존재하는 우주를 믿지 않았다. 내가 눈감는 순간 꺼져버릴 수도 있는 것이 곧 이 우주인 것이다(이런 사건의 확률이 너무 적어서 일상적으로 일어나지 않을 뿐이다).

그런데 존재의 기능이란 무엇인가? 모든 존재를 존재이게끔 하는 기능이란 무엇인가? 이것은 참으로 어려운 질문이다. 책상이란 존재의 기능은 무엇인가? 그것은 내가 그 앞에서 앉아서 글을 쓰게끔 하는 어떤 자세와 받침을 제공하는 기능일 것이다. 그런데 그위에서 밥을 먹을 때는 그 기능은 바뀔 것이다. 그러나 사실 그때는 이미 책상이 아닌 밥상으로 그 성격이 바뀌어 있다. 왜냐? 앞서 말했듯이 존재가 그 존재의 기능에 의하여 규정된다면, 책상이라는 고정된 실체는 없고 단지 내가 그것을 어떤 기능으로 규정하느냐에 따라 그 존재 자체의 규정이 바뀌게 되는 것이다.

아주 단순하게 우리가 이름붙인 사물들, 집, 나무, 책상, 밥상, 레지가 가지고 온 컵, 지금 이 글을 쓰고 있는 이 연필, …… 이 무한하게 많은 다른 이름의 사물(萬物)들을 바로 그것이게끔 하는 기능은 제각기 다른 맥락의 기능이 있을 것이다. 그런데 이렇게 그 이름에 따라 제각기 다른, 만가지의 기능에 가장 공통된 것은 무엇일까? 바로 이 만물의 만가지 기능에 공통된 기능! 바로 이 기능을 노자는 묻고 있는 것이다. 이 기능이 무엇인가? 아는가? 노자는 이것을 바로 "빔" 즉 虛라고 부르는 것이다.

아마 그 레지가 커피를 담아 가지고 온 컵을 생각해 보자! 그 컵의 기능은 커피, 음료수, 차 같은 것을 담는 것이다. 그런데 그 담는 기능을 가능케 하는 것은 바로 그 컵이 비어있다는 사실이다. 그 컵이 꽉 차있으면(滿, 盈) 그 컵은 무엇을 담는다는 구실을 할 수가 없다. 그런데 노자는 한발자욱 더 나아가 이런 말을 한다. 그 컵이 꽉 차 있으면 그것은 컵이 아니다. 다시 말해서 한 존재가 그 존재를 규정하고 있는 기능을 상실하면 곧 그 존재는 그 존재가 아닌 것이다. 그런데 기능의 상실은 곧 허의 상실이다. 그러니까 허의 상실은 곧 존재의 상실이다. 이것이 노자의 存在論(Laoistic Ontology)이다. 이것은 희랍인들의 존재론과는 매우 다른 것이다. 헤라클레이토스도 판타레이(萬物流轉)를 말하고, 로고스를 얘기했지만, 불행하게도 虛를 얘기하지는 않았다. 소크라테스 이전의 자연철학자들이 그 어느 누구도 노자처럼 虛의 存在論을 말한 사람이 없다. 바로 이 虛라는 개념 하나의 갈림길 때문에 東洋과 西洋은 매우 다른 문명의 이야기를 지어냈던 것이다.

우리가 집을 짓는 것도 사람이 들어가 살기 위한 것이요, 어떤 室內공간을 만드는 것도 사람이 들어가 앉기 위한 것이다. 그런데 이러한 房室의 조건은 단순하다. 그 방실이 비어 있어야 하는 것이다. 그래서 노자는 말한다. 방실이 꽉 차있으면 그것은 방실이 아니다. 무엇을 얘기하든, 노자는 天地之間의 萬有의 存在는 바로 빔 때문에 存在하는 것이라고 말한다. 뉴턴은 萬有引力을 말했지만, 우리의 노자는 萬有虛力을 말하고 있는 것이다. 虛가 없는 存在는 存在가 아니다. 이것은 바로 虛의 存在論의 지혜다. 이것은 바로 우리 동양인들이 사물을 바라보는 인식의 틀을 규정하고 있는 아주 유니크한 노자적 사유방식인 것이다.

그런데 내가 말을 하면 또 많은 有知의 식자들이 금방 이야기한다. 그것은 虛의 空間論이라고……. 다시 말해서 그들은 老子가 말하는 虛를 가장 서구적인 개념인 空間(Space) 개념의 여

백 정도로 생각해버리는 것이다. 그리고 20세기 언어의 세례를
받은 그들의 개념구조 속에서 노자의 허를 해소시켜버리는 것이
다. 내가 다시 한번 정확히 강조하지만 노자의 虛는 공간이 아
니다. 노자에게는 공간이라는 기하학적 개념이 존재하지 않는다.
노자철학에는 공간이 없다. 虛는 공간이 아니다. 그럼 무엇이냐?
노자에게는 공간은 없고, 氣만 있다. 사실 노자에게 있어서 허라
는 것은 氣의 한 양태에 불과하다. 實이라는 氣의 양태와 대비
되는 상대적 개념의 氣의 양태일 뿐인 것이다. 공간이 먼저 존
재하고, 그 공간속에 허가 들어있는 것은 아니다. 거꾸로 허가
우리가 생각하는 공간을 창출하는 것이다. 공간은 존재가 아니
라 존재의 측면이다.

내가 또 이런 어려운 말을 하면, 독자들은 머리가 아리쏭해질
것이다. 그렇지만 아리쏭한대로 그냥 두는 것이 좋다. 한 숟갈에
다 배부를 수는 없으니까. 지나치는 김에 살짝 건드려만 놓고 지
나가자 !

아까 다시 아주 이해하기 쉬운 다방 레지아가씨 얘기로 돌아
가보자 ! 사실 레지아가씨 이야기와 老子의 虛의 존재론은 그
렇게 썩 잘 매치가 되는 이야기가 아니다. 아가씨는 그 집 마담
눈치보느라고 커피를 아꼈을 뿐일 것이다. 마담의 인색이 곧 노
자의 虛는 아닐 것이다. 그런데 대학교 시절의 나는, 그 당시 담

배연기 자욱이 피어오르는 어둑컴컴한 다방 창문사이로 스며드는 햇빛 조명에 놓인 커피 한 잔을 놓고 나는 『노자』를 깨우쳤다. 대학교 시절에 『노자』를 배웠던 나는, 노자가 말하는 의미를 나의 주변의 하찮은 物事속에서 반추하고 또 반추했던 것이다.

저 여자는 분명 커피를 아끼느라고 저 잔을 3분의 1밖에는 채우지 않았다. 그러나 그 덕분에 3분의 2의 虛가 생기지 않았는가? 이것은 참으로 위대한 발견이었다. 그것은 창녀질을 하고 있는 아내 금홍이가 발가벗고 누워있는 그 미닫이 건너 방에 스며드는 손수건만한 크기의 햇빛줄기에 난무하는 무수한 먼지들의 군상을 발견하고 낄낄 거리는 우리의 위대한 소설가 李箱군의 쾌락보다는 더 위대한 발견을 한 쾌락이었다. 나는 혼자 낄낄 거렸다. 아항~

그 3분의 2의 빔 때문에, 저 여자는 이 커피잔을 경쾌하게 날랐을 것이고, 또 나는 부족한 커피를 더 요구할 수도 있는 것이고, 또 커피를 더 못얻어먹는다 하더래도, 나쁜 꽁피가 내 몸속으로 적게 들어갈터이니 건강에 좋을 것이 아닌가? 왜 인간들은 잔을 채우려만 하는가? 저 아가씨처럼 잔을 비울려고 노력할 것이지. 갑자기 천박한 시골뜨기 레지아가씨가 위대한 노자철학의 화신으로 나에게 몽실몽실 피어오르는게 아닌가? 도올 그따위 개구라는 그만두게 ! 그래서 프로포즈라도 했단 말인가? 너무 이야기를 비약시키지 말고 차분하게 노자의 말씀을 들어보자구 !

노자는 그 컵을 채우려는 인간의 행위를 유위라고 부른다. 유위란 곧 존재에 있어서 허의 상실이다. 그러니까 그 반대방향의 행위, 즉 빔을 極大化하는 방향의 인간의 행위를 바로 무위라고 부르는 것이다.

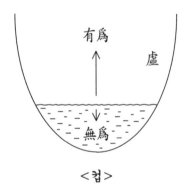

<컵>

그런데 앞서 말했지만 노자의 빔이란 단순히 공간적 개념이 아니다. 우선 나의 마음을 생각해보자 ! 내 마음을 공간적으로 구상화할 수 있는가? 내 마음이 공간인가? 내 마음이 물리적인 공간의 형태를 지니고 있는가? 어디 심장을 도려내서 마음의 공간을 만들어 볼까? 어딘가 대뇌피질의 신경회로 사이의 공간이 마음의 공간일까? 그러나 우리는 분명 마음을 채운다는 이야기를 하고, 마음을 비운다는 이야기를 하고 있다. 노자에게 있어서는 마음을 채우는 방향의 우리의 심적 작용이 곧 有爲요, 마음을 비우는 방향의 우리의 심적 작용이 곧 無爲인 것이다.

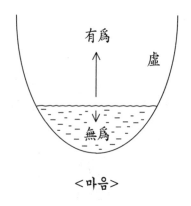

<마음>

마음이 차면 무엇인가 내 마음속으로 들락날락 거릴 수 있는 여백이 없다. 내가 한 여자를 사랑할 때, 그 여자 생각만으로 내 마음이 온통 꽉 차버리는 것은 이태리 오페라 가사식의 사랑이다. 사랑의 묘약중의 남몰래 흐르는 눈물이 그러하고, 카르멘의 꽃노래가 그러하고, 팔리앗치의 카니오의 애통한 광대노래가 그

러하고, 토스카의 저 별은 빛나건만이 그러하다. 이들에게는 허가 없다. 그래서 비통과 좌절과 죽음의 종말이 있을 뿐이다. 그런데 노자가 말하는 사랑은 한 여인을 사랑하되 그 여인이 마음 놓고 들락거릴 수 있는 빔을 내 마음속에 남겨두는 것이다. 청산리 벽계수를 읊는 황진이를 그냥 스쳐지나가는 화담 서경덕의 사랑이나, 황진이 무덤 앞에서 술잔을 기울이는 임제의 사랑이 아마도 그러할 것이다.

저 졸졸 흐르는 백담의 청정한 시냇물 저 꼭대기에서 한 아동이 오줌을 싸고 있다고 하자 !

그런데 저 밑에서 한 사람이 그 물을 맛있게 떠먹고 있다! 몇십년 전까지만 해도 우리의 삶의 주변에서 이러한 풍경은 조금도 어색하질 않았다. 왜냐? 물이 너무 청정해서 상류의 어린애 오줌이 조금도 물을 더럽히지 않았을 뿐 아니라, 설사 조금 더럽혔다 하더래도 물이 흐르는 동안에 암석과 모래를 스치면서 自淨시키는 능력이 있었기 때문이었다. 그런데 생각해보라! 지금은 저 한강상류의 온갖 여관, 호텔, 러브 모텔, 캠프장, 산장, 기도원, 돼지우리에서 똥물, 오줌물, 음식 찌꺼기 온갖 오물이 수천톤씩 쏟아지고 있는 것이다. 과연 한강물이 自淨능력을 보지할 수 있을까? 하류에 사는 서울 시민들은 그 똥물을 먹고 온전할 것인가? 무슨 생수인들 자위일 뿐이지 과연 온전할손가?

청정한 계곡상류에서 어린애가 쫄쫄쫄쫄 오줌싸던 시절의 물을 노자는 虛가 있다고 말한다. 똥물이 트럭으로 부어지고 있는 그러한 물을 노자는 虛가 없다고 말한다. 여기서 어떻게 허가 공간개념일 수 있겠는가? 허라는 것은 공간이 아니다. 그것은 모든 존재가 존재로서 존재할 수 있는 기본적 기능이다. 그것은 모든 존재의 가능성이며, 실현되기 이전의 潛能이며, 잠재태이다. 그것은 존재의 모든 포텐시알리티(Potentiality)인 것이다.

> 빔(Emptiness) = 가능태(Potentiality)

4장 또한 王本에 가까운 거의 온전한 형태로 帛書에 보존되어 있다. 4장의 첫머리는 바로 노자가 말하는 도는 텅 비어 있다는 것으로 시작하고 있다. The Way is empty. 그런데 여기 텅 비었다는 말에 해당되는 용어가 沖(충)이다. 이것은 구체적으로 어떠한 용기가 텅 빈 모습을 형용하는데 쓰이는 말이다.

그 다음에 "而用之或不盈"이 帛書 乙本에는 "用之有弗盈也"로 되어 있다. 帛書의 有는 又와 통하며, 그것이 王本에는 或으로 된 것이다. 盈은 "찬다," "채운다"의 뜻인데, 한문은 한 글자가 때로 그 정반대되는 의미를 내포한다. 여기서의 盈은 채우다의 반대 뜻인 "고갈시킨다(窮)," "다한다(盡)"의 뜻이 있다. 45장에 "大盈若沖, 其用不窮"(크게 차있는 것은 텅 비어있는 듯 하다. 아무리 써도 고갈됨이 없다.)이라는 표현이 있는데 그 뜻이 상통하는 것이다. 여기서 "不盈"은 "不窮"이다.

여기서 말하는 道는 매크로한 우주 전체를 말한다. 우주는 텅 비어있는 듯 해서 아무리 써도 고갈됨이 없다는 것이다. 그러나 이러한 老子의 虛의 낙관주의적 진단이 요즈음 크게 위협받고 있는 것이다. 아주 거시적으로 본다면 노자의 낙관론은 항상 참이다. 그러나 인간중심주의적으로 가까운 천지를 생각한다면 道의 고갈되지 않는(不窮) 허를 가능케 하는 것은 道의 순환작용인데 인간의 문명의 유위는 지금 그 근원적 순환을 파괴시키고 있다. 우리 이제 이 심각한 상황을 한번 전체적으로 반추해 볼 때도 되지 않았는가?

"用之或不盈"을 문자 그대로 해석한다 해도 가능하다. 道는 텅 빈듯해서, 아무리 써도 다시 채울 필요가 없다는 뜻으로 해석해도 그 反語的 의미는 동일하게 될 것이다. Yet when you use it, you never need fill it again.

날카로운 컷을 무디게 하는 것(挫其銳)은 자연의 작용이다. 그것은 虛의 방향이다. 우리는 젊었을 때는 날카롭다. 그러나 나이가 들수록 날카로움이 무디어지는 것은 어쩔 수 없는 사실이다. 그러나 그 무딤이 아둔함이나 무감각을 의미해서는 아니된다. 날카로움이 부분만을 본 것이라면, 무딤은 전체를 바라보는데서 생겨나는 슬기로 보아야 한다. 老子는 역시 늙은이의 사상이다. 그러나 老子가 말하는 늙음은 젊음의 상실이 아니요, 젊음의 완성이다! 언제까지 우리 역사가 어린애 짓만을 일삼고 있겠는가? 挫其銳!

엉킴을 푸는 것(解其紛) 또한 虛의 작용이다. 아무리 엉켜진 실타래도 시간이 지나가면 풀린다. 그것은 자연속에서는 다 썩어버린다. 우리는 고디안 노트를 자르는 알렉산더 대왕의 칼이 필요하지 않은 것이다. 아무리 풀기 어려운 듯이 보이는 엉킨 정치형국도 잘 생각하면 풀린다. 인간의 모든 문제가 침착하게 생각하면 다 解法(푸는 법)이 있다. 너무 초조하지 말라!

和其光, 同其塵! 나는 이 말을 생각할 때마다, 주차장을 생각한다. 이것 또 뭔 말인가? 파킹장에는 무엇이 있는가? 자동차가 있다. 액센트, 마티스, 레간자, 그렌저 …… 그런데 주자장에 자동차를 파킹해두면, 빤닥빤닥하게 닦아놓은 후드 위로 뽀얗게 먼지가 쌓인다. 그런데 먼지가 휘날리는 것을 보면 그토록 불규칙하게 휘날리는데, 자동차 후드 위에 쌓인 먼지는 놀라웁게도 항상 완벽하게 고르게 덮여있다. 인간이 인위적으로 그 먼지를 배열한다고 한다면 아무리 정교한 마이크로한 기계를 써도 그렇게 고르게 순식간에 배열할 수는 없을 것이다. 나는 파킹장에 놓인 자동차 위에 쌓인 먼지를 보고 노자의 구절을 깨달았다. 同其塵! 그 티끌을 고르게 하는도다! 그리고 아무리 그렌저가 뻐까번쩍하고 체어맨이 휘황찬란해도 먼지가 덮이면 모두 그 빛이 튐이 없이 한결같은 조화를 이룬다. 和其光! 그 빛을 조화시킨다.

"和其光, 同其塵"은 帛書本에도 동일한 문자로 되어있다. 그런데 이 "和其光, 同其塵"에서 그 其자를 빼버리면 "화광동진"(和光同塵)이 된다. 이 화광동진은 후에 중국의 대승불교에서 너무도 잘 쓰는 말이 되었다. 화광동진은 道의 "무차별경계"를 나타내는 의미의 맥락으로 쓰이게 된 것이다. 노자와 불타는 바로 이런 맥락에서 랑데뷰를 한 것이다. 화광동진은 원래 노자의 "빔"의 사상에서 온 것이지만, 불교에서는 그것이 철저하게 "무차별"의 의미로 전화되었다. 사실 노자의 오리지날한 맥락의 화광동진은 매우 생동적이고 생명적인 것이다. 그런데 나중에 불교적 맥락에서는 그것이 생명적인 것 보다는 죽음적인 맥락으로 해석되었다고 볼 수 있다.

대승불학에서 "화광동진"이란 보살이 아라한의 독선의 자리를 고집하지 않고, 자신의 才知를 숨기고 세속과 더불어, 중생속에서 和同하는 삶의 자세를 일반적으로 의미한다.

"湛兮! 似或存" 湛이란 앞의 淵과 마찬가지로, 물이 맑고 투철하면서도 깊고 그윽한 모습을 형용하는 말이다. "似或存" (아 저기 있는 것 같도다!)과 같은 표현은 노자사상에서 매우 중요한 것이다. 존재를 존재로서 생각하지 않는 기철학적 세계관을 나타내는 명언인 것이다. "似"라는 반신반의적 표현은 비단정의 의심을 나타내는 말이라기 보다는, 모든 存在를 실체로서 확정지을 수 없다는, 즉 제1장의 "도가도비상도"의 맥락에서 이해되는 인식론적 태도를 나타낸 것이다. 道는 存在가 아닌 것이다. 그것은 실체가 아니다! 그러기 때문에 그 존재에 관하여 그것은 "있는 듯이 보인다"는 말밖에는 할 수 없다는 것이다.

이것은 道의 存在의 부정이 아니라 道의 存在의 대긍정이다. 存在의 대긍정이란 존재의 존재성을 뛰어넘어야 하는 것이다.

그러기 때문에, 노자는 말한다. 나는 도라는 것이 도무지 누구의 아들인지 알 수가 없어! (吾不知誰之子). 아브라함은 이삭을 낳고, 이삭은 야곱을 낳고, 야곱은 유다와 그의 형제들을 낳고. 그렇다면 아브라함은 누가 낳았나? 아브라함의 조상을 거슬러 올라가면 결국 아담과 이브로 올라갈 것이다. 아담과 이브는 누가 낳았나? 야훼가 낳았다. 그럼 야훼는 누가 낳았나? 여호와 하나님은 도대체 누가 낳았는가? 이것은 나의 불경스러운 질문이 아니라, 오늘을 사는 과학도라면 당연히 던질 수밖에 없는 질문이라고 기독교문명의 철학자 버트란드 럿셀경이 외치고 있는 질문이다.

노자는 그래서 말한다: 여호와 하나님을 하나의 존재로 생각하는 순간 우리는 오류에 빠진다. 여호와 하나님은 존재일 수가 없다. 만약 우리가 여호와 하나님을 하나의 존재로 인식하는 순간, 그 존재는 이름을 가진 분별적 존재로 하락해 버린다. 그래서 노자는 말한다: 似或存! 그것은 존재일 수가 없다! 과연 여호와 하나님이 하나의 존재이라면, 그것이 살아있는 하나의 인격체라고 한다면 그것은 누군가 그를 낳은 또 하나의 인격체가 있어야 할 것이다. 그것은 시간속의 存在일 뿐이다. "誰之

子"(누구의 아들)라는 표현은 시간속의 존재라는 뜻이다. 나는 그 것이 누구의 아들인지를 알지 못한다(吾不知誰之子)라는 것은 곧 하나님은, 道는 시간속의 계기를 갖는 하나의 분별적 존재일 수 없다는 것이다. 즉 인간의 이름(naming), 즉 명명의 대상이 될 수 없다는 뜻이다. 여호와 하나님을 하나의 존재로 파악하는 기독교인들에게, 유대인들에게, 우리의 노자는 가르친다: 그대들 의 신을 여호와 하나님이라고 말한다면, 내가 말하는 도는 여호 와 하나님보다 앞선, 그러한 신이라는 이름으로 규정지을 수 없 는 그 이전의 무엇이라고 말할 수밖에 없네 ! (象帝之先).

여기 "象"이란 "코끼리," "형상" 등의 여러 뜻이 있는데, 여 기서는 그런 명사의 뜻으로 쓰인 것이 아니다. 오늘날 白話에서 이어받은 용법으로 "好象"이라는 말이 있는데, 여기서의 "象" 은 "…인것 같다"(It seems …)의 뜻이다. 帝는 분명히 여호와 하나님, 야훼와 같은 뜻이다. 중국고대에도 초월적 인격신이 있 었으며, 이 "帝"라는 글자는 후대(진시황대)에 와서 皇帝 (Emperor)의 뜻으로 변화되었지만, 중국고전에서는 "上帝"의 뜻으로, 인간세에 군림하는 초월적 인격신을 말하는 것이었다. 鮮末의 정약용이라는 사상가가 기독교의 초월적 하나님의 존재 를 『尙書』에 나오는 "上帝"의 개념으로 비정(比定)하려 했던 것은 잘못된 발상은 아닌 것이다. 그러나 노자의 도는 통쾌하게 도 그러한 帝의 이름을 거부한다. 그대들이 帝를 말한다면 만물의 근원자인 道는 그 帝보다 분명히 앞서는 것이다. 그러나 여기 왜 노자가 "象"자를 썼는가 하는 것을 다시 한번 우리는 주의 깊게 생각해야 한다. 道는 여호와 하나님보다 앞서는 "것"이라고 단정적으로 말하는 순간에 노자는 바로 앞서 "나는 누구의 아들인지를 알지 못한다"고 직선 시간적 계기성을 부정했던 그 부정의 논리에 위배되게 되는 것이다. 노자는 근원적으로 道가 그러한 존재의 시간적 계열에 속하는 것으로서 개념화될 수 있고, 실체화될 수 있는 것이 아니라는 것을 주장하려는 것이다. 그러므로 "여호와 하나님(帝) 보다 앞서는 것 **같네**"(**象**帝之先)라고 하여, 그 초개념적 文義의 맥락을 명료히 한 것이다. 이로써 노자는 럿셀경이 비판하는 기독교의 논리적 위선을 벗어나고 있는 것이다. 럿셀경은 말한다:

> 도대체 신은 누가 만들었는가? …… 도무지 이 세계가 원인자가 없이는 생겨날 수 없다고 생각해야 할 아무런 이유가 없다. 그렇다고 또 원인자가 항상 존재하지 않아야 한다고 생각해야 할 아무런 이유도 없다. 문제는 이 세계가 최초의 시작을 가지고 있다고 생각해야 할 아무런 필연적 이유가 없다는데 있다. 어떠한 존재가 반드시 최초의 시작을 가져야만 한다고 상정하는 우리의 모든 관념은 실제로 우리의 상상력의 빈곤에서 유래된 것이다.

Who made God? ······ There is no reason why the world could not have come into being without a cause; nor, on the other hand, is there any reason why it should not have always existed. There is no reason to suppose that the world had a beginning at all. The idea that things must have a beginning is really due to the poverty of our imagination.

호렙산 떨기 불꽃 앞에서 모세는 하나님의 부름을 받았다. "모세야! 나는 내 백성이 에집트에서 고생하는 것을 똑똑히 보았고 억압을 받으며 괴로워 울부짖는 소리를 들었다. 그들이 얼마나 고생하는지 나는 잘 알고 있다. 나 이제 내려 가서 그들을 에집트인들의 손아귀에서 빼내어 그 땅에서 이끌고 젖과 꿀이 흐르는 아름답고 넓은 땅, 가나안족과 헷족과 아모리족과 브리즈족과 히위족과 여브스족이 사는 땅으로 데려 가고자 한다. 지금도 이스라엘 백성의 아우성 소리가 들려온다. 너는 지금 가서 내 백성 이스라엘 자손을 에집트에서 건져 내어라."

"제가 무엇인데 감히 파라오에게 가서 이스라엘 백성을 건져 내오리까?"

"내가 네 힘이 되어 주겠다."

"제가 이스라엘 백성에게 가서 '너희 조상들의 하나님께서 나를 너희에게 보내셨다'라고 말하면 그들이 '그 하나님의 이름이 무엇이냐?'하고 물을 터인데 그러면 제가 어떻게 대답해야 하겠습니까?"

이것은 정말 재미있는 장면이다. 야훼는 그 자신의 모습을 보이지 않았다. 떨기가 타지 않으면서 불꽃이 이는 그러한 모습으로만 자기를 보였을 뿐이다. 모세는 이 결정적 순간에, 이스라엘 백성을 애굽으로부터 구원하는 모든 권능을 얻는 이 결정적 순간에 묻는다: "당신의 이름은 무엇이오니이까? 내가 어찌 당신의 이름을 모르고 당신의 이름을 구하는 나의 백성들을 구원하오리이까? 당신의 이름은 무엇이오니이까?" 여기, 이 순간에 야훼는 무어라 말했든가?

"내 이름은 야훼다."

야훼는 결코 이와 같이 말하지 않았다. 야훼 자신은 可道之道를 거부한 것이다. 그럼 무어라 말했는가?

"나는 스스로 있는 자니라."(개역본)
"나는 곧 나다."(공동번역본)

물론 여기 모세와 야훼의 대화의 맥락과 우리의 노자철학의
논지의 맥락은 동일한 차원에서 비교될 수는 없다. 노자의 도가
근원적으로 인격적 존재성을 거부하는 차원에서의 논의라면 여
기 「출애굽기」의 논의는 인격적 존재와 인격적 존재의 살아있는
대담의 형식을 빌리고 있기 때문이다. 그러나 최소한 모세의 질
문, "무어라 말하며, 무어라 이름하오리까?"에 대한 야훼의 대답
은 노자의 우주론적·인식론적 논의의 맥락과 비슷하다. 야훼
자신은 노자가 말하는 "도가도비상도"의 논의를 깨닫고 있었던
것이다.

I AM WHO I AM.(*RSV*)

I AM THAT I AM.(*King James*)

사실 이것은 정확하게 말이 되지 않는 말일 뿐이다: "나는 있
는 나이다." 유태인 학자들과 이 구절에 관해 이야기를 나누어
보면, 그들은 이 구절은 엄밀하게 해석을 거부한다는 것이다. 즉
인간의 해석을 거부하는 신의 소리라는 것이다. 히브리어로서
"에예 아쉘 에예"라는 것은 "나는 있는 그대로의 나로다"라는
뜻이 된다. 그리고 이것을 미래형으로 해석하면, "나는 장차 나
타내 보일 그대로의 나로다"라는 뜻이다. 앞으로 노자를 해설해
가면서 논의가 계속되겠지만, 이것은 노자의 "自然"(스스로 그러

하다)의 의미와 상통하며, 이것은 왕필이 "無稱之言"(가히 말로
할 수 없는 말)이며, "窮極之辭"(인간의 언어가 끝이 난 곳의 말)라고
한 것과 상통하는 것이다. 모세는 물었다: "당신을 무어라 이름
하오리이까?" 신은 대답한 것이다: "나를 이름하지 말라. 나는
있는 그대로의 나일 뿐이다. 앞으로 너에게 보일 그대로의 나일
뿐이다. 나는 이름이 아니요, 존재가 아니요, 너희들 인간들의
인식의 대상자가 아니다. 나는 스스로 있는 자요, 나는 스스로
그러한 자이다."

이 야훼자신의 고백만 잘 이해해도 동양과 서양은 화합할 길
이 열린다. 야훼와 노자가 손잡고 같이 道를 운운할 수 있는 길
이 열리는 것이다. 모든 진리의 궁극은 상통하지 않을 수 없는
것이다. 노자는 말한다: "道는 하느님 이전의 것이다." 야훼는
말한다: "나는 인간들이 나를 야훼라 이름하는 그 이전의 것이
다."

이거 내 해설이 자꾸 길어져서 고민스럽다. 『노자』의 언어는
간결하기 그지 없으나 그 배면에 깔린 이야기는 나같이 말하기
좋아하는 어리석은 인간들의 名言이 수천년 푹푹 쌓인 지혜의
보고라는 이 파라독시칼한 사실을 좀 이해해주기 바란다. 내가
다 해설을 못해도, 한 글자도 그냥 스칠 수 없도록 그 배면에는
오묘한 뜻이 배어 있다는 것을 기억하고 함부로 천박하게 억측

하지 말 것이며, 나같은 전문가들의 해설을 들어보는 것이 좋다. 나는 평생『노자』처럼 읽고 또 읽어도 재미있는 책은 일찍이 접해본 적이 없다. 아무리 연인과 함께 흰 눈 소록소록 쌓이는 길거리에서 사먹는 붉은 연탄불 위의 군밤이 맛있다 한들,『노자』를 씹는 맛에야 비교할 수 있으랴!

마지막으로 이 장의 첫 구절, "道沖, 而用之或不盈"(도는 텅 비어있다. 그러나 아무리 퍼내어 써도 고갈되지 않는다)라는 이 첫구절에 대하여 우리의 천재소년 왕필(왕삐)은 다음과 같은, 우리 실생활에 매우 유용한 말이면서도 또『老子』本義를 꿰뚫는 멋드러진 주를 달아 놓았다.

> 夫 執一家之量者, 不能全家; 執一國之量者, 不能成
> 國。窮力擧重, 不能爲用。

> 한 집안을 다스릴 수 있는 역량의 소유자는 그 집안을 온전히 다스릴 수 없다. 한 나라를 다스릴 수 있는 역량의 소유자는 그 나라를 온전히 이룩할 수가 없다. 있는 힘을 다하여 무거운 것을 든다는 것은 결코 쓰임이 될 수가 없다.

이것이 바로 왕필이 인식한 虛의 개념이다. 서울대학교 입시 커트라인이 320점이라고 하자 ! 그런데 우리는 내 자식 321점의 성적으로 서울대학교에 들어갔을 때 환호성을 지르며 최고의 선택이었다고 말할 것이다. 자본주의 사회에서의 최고의 미덕은 최대의 효율(Maximum Efficiency)이기 때문이다. 회사에서 사원을 채용할 때도 300짜리 포스트에 300짜리 인간을 채용했을 때 우리는 최대의 효율이 달성되었다고 좋아하는 것이다. 그러나 300짜리 포스트에 300짜리 인간이 앉는 것은 비극이다. "300 - 300 = 0" 그 虛가 바로 제로이기 때문이다. 결국 그 포스트의 모든 일이 그 인간에 의하여 돌아갈 리 만무한 것이다. 300짜리 포스트라면 최소한 400짜리 인간이 앉아야만 100이라는 虛가 생긴다. 그래야 그 포스트의 일이 돌아가게 마련이다. 虛가 없으면 動이 불가능해지는 것이다. 서울대학교 카트라인이 320이라면 350점을 맞은 학생이라야 제대로 들어간 것이다. 321점이면 그 아래 카트라인의 넉넉한 학교를 선택하는 것이 좋다. 대학생활의 虛가 더 소중한 것이다. 그래야 대학졸업 후 대학원에서 그 진가를 발휘하게 되는 것이다. 인생의 승부수는 바로 이 虛의 확보에 있는 것이다.

준비된 지도자의 모습은 국민이면 누구든지 갈망하는 것이다. 그러나 모든 정치가들이 이 "준비되었다"함의 의미를 깊게 새길 줄 알아야 한다. 노자는 말한다. 한 나라를 위하여 준비된 대통령은 그 나라를 다스릴 수 없다. 한 집안을 위해 준비된 인간은 그 집안을 다스릴 수 없다. 한 나라를 다스릴 정도로 준비된 인간이라면 한 집안을 다스리는데 그쳐야 하고, 한 나라를 다스릴 정도로 준비된 인간이라면 天下를 다스릴 정도의 역량이 있어야 하고, 인간과 우주의 모든 측면에 대하여 총체적인 비젼을 획득해야 하는 것이다. 겨우 한 나라를 다스릴 정도로 준비되었다는 자만감으로는, 한 나라를 다스리는데 허덕허덕 껄덕껄덕 숨넘어 갈 듯 그 역사의 꽁무니를 뒤쫓아가기도 바쁜 것이다. 이러한 노자의 虛의 존재론은 우리 역사의 모든 지도자들에게 자신을 되돌아보게 만드는 千古의 교훈일 것이다.

이 왕필의 注는 다음과 같은 명언으로 끝나고 있다:

窮力擧重, 不能爲用。

나는 이 명언을 항상 되새길 때마다 60kg체급의 땅꼬마(키 150㎝) 슐레이마놀루를 생각한다. 이건 또 뭔 말인가? 슐레이마놀루는 누구인가? 기억하는가? 88올림픽에서 자기 몸의 3배를 들어올린(187.5kg 용상, 1996년 애틀랜타 기록) 불가리아출신의 역도선수 나임 슐레이마놀루! 올림픽 3연패에, 세계신기록 70여회 수립!

노자는 말한다. 슐레이마놀루는 쓸모가 없다(不能爲用). 왜 그런가? 있는 힘을 다해 무거운 것을 들었기 때문이다(窮力擧重).

노자가, 왕필이, 오늘날의 역도 경기를 보았다면 기절초풍·혼비백산했을 것이다. 세상에 이렇게 무지막지한 운동이 있냐하구. 나는 역도를 좋아한다. 역도를 열심히 하는 나의 후학들에게 실망감을 주기 위해 이런 말을 하는 것은 결코 아니다. 경기는 순간의 기록을 위한 것이며 그 나름대로 오묘한 예술적 경지가 있는 것이다. 그러나 이러한 역도의 논리가 인간세에 그대로 적용되면 큰 일이라는 것이다. 슐레이마놀루君이 187.5kg를 들 수 있다면 100kg 정도만 들고, 87.5kg의 虛를 남겨야 한다는게 왕필의 지론이다. 자기 몸무게의 3배를 든다는 것은 참으로 상상키 어려운 인간의 역량이다. 그러나 자기 몸무게의 3배를 들 수 있다고 해서 그것을 들어서는 아니된다는 것이다. 아마도 역도선수들은 이 虛의 상실 때문에 나중에 부작용에 시달릴 것이다. 역도선수 뿐만 아니라 모든 태능선수촌의 국가대표선수들이 은퇴한 후에는 부작용에 시달리게 될 것은 불보듯 뻔한 이치인 것이다. 그들의 삶은 굵고 짧게! 그 나름대로 예술적 가치가 있을지는 모르지만 그것이 인간세의 일반법칙으로 인지된다는 것은 비극이라고 노자는 개탄하는 것이다. 자기 몸무게의 3배를 들 수 있는 역량의 인간이 2배나 1배만 든다는 것이야말로 어려운 것이며 지고의 사회적 가치라고 노자는 가르치는 것이다.

르까프! Le CAF! 키티우스, 알티우스, 포르티우스! 더 빨리, 더 높게, 더 쎄게! 이 꾸베르땡 남작의 구호는 올림픽의 인센티브로서는 적절했을지 몰라도, 결국 스포츠를 상품화하고 엘리티즘화하고 IOC를 부패의 소굴로 만드는 비극적 구호가 되고 만 것이다. 더구나 이 르까프를 우리 인간세에 적용한다는 것은 참으로 어리석은 짓거리라고 노자는 경계한다. 꾸베르땡이여! 아듀! 가라! 멀리 멀리 사라져라!

 IMF가 왜 터졌는가? 온 국민이 너무 열심히 살았기 때문이다. 온 국민이 죽으라고 열심히 달러를 벌고, 또 죽으라고 열심히 남김없이 달러를 썼기 때문이다. 더 빨리, 더 높게, 더 쎄게 달리기만 했기 때문이다. 우리는 이제 온 힘을 다하여 살아서는 아니된다. 이제 죽으라고 열심히 살아서는 아니된다. 이제 우리 역사는 虛를 확보해야 되는 것이다. 이제 우리는 르까프의 20세기를 청산해야 한다. 이제 우리는 너무 빠르지 않게, 높지 않게, 쎄지 않게 사는 지혜를 노자에게서 배워야 할 때가 온 것이다. 대기업의 해체도 르까프만을 생각한 우리 자신의 역사의 비극적 결말이라고 한다면, 그 책임은 결국 우리 자신의 삶의 방식, 생각의 방식, 자본의 방식으로 돌아가지 않을 수 없는 것이다.

KWOOZ

五章

天地不仁,
천지불인,

以萬物爲芻狗;
이만물위추구;

聖人不仁,
성인불인,

以百姓爲芻狗。
이백성위추구.

天地之間, 其猶橐籥乎!
천지지간, 기유탁약호!

虛而不屈, 動而愈出。
허이불굴, 동이유출.

多言數窮, 不如守中。
다언삭궁, 불여수중.

다섯째 가름

천지는 인자하지 않다.
만물을 풀강아지처럼
다룰 뿐이다.
성인은 인자하지 않다.
백성을 풀강아지처럼
다룰 뿐이다.
하늘과 땅 사이는
꼭 풀무와도 같다.
속은 텅 비었는데
찌부러지지 아니하고
움직일수록
더욱 더 내뿜는다.
말이 많으면 자주 궁해지네.
그 속에 지키느니만 같지 못하네.

說老 나는 평생 『노자』를 강의했다. 내가 하바드대학에서 공부를 마치고 바로 귀국하여 고려대학교 부교수로 교편을 잡았을 때 처음 강의한 것이 이 『노자』였다. 사실 나는 82년도 고려대학에서 『노자』를 강의하기 전부터 이미 하바드대학에서부터 『노자』를 강의했다. 귀국해서도 줄곧 『노자』를 강의했다. 사람들이 내가 『노자』를 강의하면 그렇게들 좋아할 수가 없고, 재미있어 하고, 또 무엇보다도 삶의 깨달음과 기쁨이 생긴다고 했다. 고려대학교의 어린 초롱초롱한 눈동자들을 대상으로, 그리고 최근에는 도도회라는 한국화 화가들 모임에서까지 나는 줄곧 『노자』를 강의했다. 내 인생에서 다양한 동양고전들을 어느 누구보다도 폭 넓게 강론했지만, 가장 반복적으로 많이 강의한 것이 이 『노자』 一書였다. 그런데 내 『노자』 강의의 정점이랄까, 젊은 시절의 아름다운 추억을 가져다 준 강의는 동국대학교 불교대학에서 학생회주최로 열었던 몇달 동안의 강의였다. 동국대학교 학생들과 일반인들이 천여명씩 빠지지 않고 참석해서 들은 내 강의는 정말 내 인생에서 잊지못할 열정과 감동의 시간들이었다. 끝나는 날, 학생들이 책걸이를 한다고 푸짐하게 시루떡을 해 왔고, 우리는 너무너무 헤어지는 것을 서운해 하면서 하룻밤을 지새웠던 모습이 아주 새록

새록 추억에 아롱진다. 그 동국대학교 『노자』 강의를 끝내고 내가 펴낸 책이 『길과 얻음』(통나무, 1989)인데, 이 책이 바로 내가 우리말로 최초로 펴낸 『노자』 번역서이다. 이 책은 해설이 붙어 있지 않고 본문만 우리말로 옮겨져 있다.

　요번에 내가 다시 펴내는 이 책은 『길과 얻음』을 참고로 한 것이다. 그런데 요번 『노자』 번역은 『길과 얻음』과 큰 차이가 있다. "길"은 道를 말함이고 "얻음"은 德(=得)을 말함이다. "길과 얻음"이란 표현에서 우선 그 일단을 엿볼 수 있듯이 나의 『길과 얻음』은 한문을 될 수 있는 대로 한글로 풀었다. 그리고 先秦古經은 본래 한 글자 한 글자가 모두 독립된 의미단위이므로, 그것이 모여서 생기는 개념을 하나로 묶지 않고 본래대로 한 글자씩 다 풀어 번역하였다. "萬物"이면 "만물"로 번역하는 것이 아니라, "만가지 것"이라든가 "온갖 것"으로, "天地"도 "천지"로 번역하는 것이 아니라 반드시 "하늘과 땅"으로 번역하는 태도를 말한다. 그런데 요번 번역은, 대중을 상대로 한다는 원칙을 세웠는데 이때 아이러니칼한 것은 한글로 풀면은 의미가 더 전달 안된다는 사실이었다. "대중을 상대로 한다"는 구체적인 뜻은 "대중의 언어의미구조에 가장 쉽게 전달가능한 방식의 언어기준을 세운다"는 뜻이다. "道"를 그냥 "도"로 하는 것이, 오히려 "길"로 하는 것보다 의미가 더 직접적으로 포괄적으로 전달된다는 것이다. 왜냐 우리민중에게 이미 道는 "도"로서 그들의 삶과 더불어 살아 움직여왔기 때문이다. 미국인들에게는 분명 "Tao"보다는 "the Way"가 더 낳은 번역이다. "Way"라고 하면, "길," "방법," "사람이 살아가는 행로," "만물이 움직여가는 법칙," 등등의 뜻이 다 생겨나올 수 있기 때문이다. 그러나 우리말로 "길"이라 해 놓으면 소달구지 마찻길 밖에는 떠오르지 않는다. 특별한 해설을 하지 않으면 의미가 오히려 한문투보다 협애해지고 폐쇄적이 되어 버리는 것이다. 그래서 요번 나의 번역은 지난번, 지금으로부터 꼭 십년전 이맘 때의 번역보다 그냥 평범한 한국말, 길거리에 지나다니는 보통 한국사람들이 가장 쉽게 알아들을 수 있는 말을 기준으로 해서 번역한 것이다. 그러나 번역 그 자체의 아름다움으로 말한다면 십년전 『길과 얼음』의 맛을 따라갈 수 없다. 이 책과 더불어 『길과 얼음』(통나무, 1989년 11월 16일 초판발행)을 참조해보는 것도 그 맛이 새로울 것이다. 그러나 『길과 얼음』은 왕필주석에만 그 기본을 둔 것이며, 마왕퇴 백서와 곽점죽간본의 연구성과는 반영되어 있지 않다. 요번 번역은 1999년 11월까지의 세계적인 연구성과들을 집약했다는 면에서는 기존의 어떤 역서와도 그 성격이 다르다.

　그리고 『노자』의 우리말 번역으로 우리가 꼭 기억해야 할 한 권의 책이 있다.

앞서 말했듯이 우리나라 조선왕조에서는 유학이 워낙 폐쇄적인 朱子學 일변도의 學風속에 갇혀 있었기 때문에, 정통과 이단의 구분이 엄연하였고, 따라서 『老子』나 『莊子』 같은 책은 異端書로 간주되었다. 실제적으로 우리나라 조선왕조의 출판사정을 보면 『장자』와 같은 책이 유통되고 있었음이 분명하므로, 사람들이 老莊의 책을 접하지 않았다고는 볼 수가 없으나, 실제로 겉으로 『노자』·『장자』 같은 책을 읽고 연구하고 주해하는 사람은 없었다. 이것은 우리나라의 학문 풍토가 조선왕조시대 때부터 얼마나 경직된 것이었는가를 잘 말해준다. 『노자』의 주해서만 하더래도 같은 시대 이웃나라 일본 에도(江戶)시대에는 수백종에 달하는 방대한 연구서들이 쌓여있다. 그러나 우리나라에는 박세당(朴世堂, 1629~1703)이라고 하는 한 사람의 『新註道德經』上·下가 있을 뿐이다. 그나마 박세당은 이러한 반주자학적 경향과 냉철한 사회의식 때문에 사문난적(斯文亂賊)으로 낙인이 찍혀 관직을 삭탈당하고, 유배도중 옥과(玉果)에서 죽음을 당하는 비참한 최후를 맞이해야만 했다.

사실 요즈음 젊은 학생들은 이런 분위기에 대한 아무런 공포감이나 생각이 없이 이 『노자도덕경』一書를 대하는데, 내가 대학시절에 김경탁선생에게 『노자』 강의를 들을 때만해도 이단의 서를 읽는다는 두려움으로 가슴이 두근두근 거렸던 심정이 있었다. 그리고 실제로 60년대 당시만 해도 한국에서 『노자도덕경』

이라는 책을 구하기가 너무도 힘들었다. 내가 사부집요(四部集要)판 왕필주『老子』를 처음 손에 들었을 때의 그 감격을 지금 여러분들은 도무지 상상할 수가 없을 것이다.

이러한 우리 조선땅, 도가철학 불모지에서, 금세기에 유일하게 『노자』를 강해하고 『노자』의 지혜를 이 땅의 사람들에게 전파한 선각자가 한 분 계셨으니, 그 분이 바로 이승훈, 조만식을 뒤이어 제3대 정주 오산학교 교장을 역임하신 다석(多夕) 유영모(柳永模, 1890~1981)선생이시다. 다석선생이 오산에 교장으로 계실 때, 춘원 이광수가 국어선생으로 있었고, 함석헌이 4학년 학생이었다. 『성서조선』을 중심으로 20세기 조선기독교의 거맥을 형성한 김교신(金敎臣, 1901~1945)도 그의 감화를 받은 제자다. 영락교회의 한경직, 순교자 주기철, 그리고 김주항, 함석헌, 송두용 등이 모두 다석의 영향을 받은 사람들이다. 특히 함석헌은 유영모의 정통 제자로 자처, "다석을 만나지 못했다면 오늘의 내가 되지 못했을 것"이라고 고백하곤 했다.

나는 어려서부터 함석헌선생을 자주 뵈웠다. 그분의 씨올농장이 우리 아버지가 병원개업하고 있었던 천안에 있었기 때문이다. 어려서부터 하얀 수염이 덮인 흰 두루마기차림의 함석헌선생을 나는 참으로 "잘 생긴 할아버지"라고만 생각했다. 나의 장형 김용준은 평생 함석헌을 흠모하고 따라다녔다. 우리 아버지는 장형 용준이 함석헌을 졸졸 따라 다니는 것을 그저 그렇게 생각하였다. 함석헌의 우찌무라 칸조오(内村鑑三, 1861～1930) 류의 무교회주의가 좀 황당한 데가 있다고 생각하셨던 모양이다. 나는 어려서부터 장형 용준의 입을 통하여 "유영모"라는 이름을 무지하게 많이 들었다. 자하문밖에 산다는 것, 그리고 널판지 하나에 개왓장 하나만 놓고 잔다는 것, 그리고 하루에 한 끼밖에 안먹는다는 것, 그리고 평생을 바퀴에 올라탄 적이 없다는 것, 그러면서도 시계와 같이 시간을 지킨다는 것, 그리고 YMCA 등지에서 강의할 때 괴팍하고 오묘한 말을 많이 한다는 것, …… 이런 말들을 장형 용준은 무지무지하게 많이 했다. 나는 장형을 따라 유영모선생 집회를 한번 따라가 보고 싶었는데 장형은 중학생이었던 나를 한번도 유영모선생의 집회에 데리고 가질 않았다. 아마도 막내동생인 내가 미래에 철학자가 되리라고는 꿈도 꾸지 않았기 때문이었을 것이다. 우리 형들은 막내인 나를 무시하기만 했으니까 ―. 나의 깊은 사색의 소질을 어렸을 때부터 알아차린 것은 오직 나의 어머니 홍승숙 한분이었다. 사실 내가 1972년 이 땅을 떠나 유학의 길에 오를 때만해도 유영모선생은 장안에 건재하고 계셨다. 내가 용준의 입을 통하여 유영모선생말을 많이 들었을 때가 중학교 때였는데(아마 그때쯤 장형 용준이 다석선생집회에 다닐 때였나 부다), 그 뒤로 내가 철이 들고난 후로는 내 일에만 바빴고, 또 내 삶의 문제의식에만 골똘해 있었기 때문에, 남을 찾아다니는 짓을 하지 않았다. 내가 학문을 이루고 귀국하여 유영모선생을 한번 찾아 뵙고 싶다는 생각을 했을 때는 이미 저 하늘나라로 승천하신 후 일년이 지났을 때였다. 내 평생에 다석선생을 육안으로 뵙지못한 것을 천추, 만추, 아니 억겁의 한으로 생각한다. 참으로 애석한 일이다!

늙 은 이

길 옳다 길, 늘 길 아니고.
이를 만 이름, 늘 이름 아니오라.
이름 없에, 하늘 · 따의 비롯.
이름 있에, 잘몬의 엄이.
므로, 늘 ᄒ고즙 없에 그 야믊이 뵈고,
늘 ᄒ고즙 있어 그 도라감이 뵈와라.
이 둘은 한끠 나와서 달리 부르(이르)니,
한끠 닐러「감ᄋ」.
감ᄋ 또 가믐이 뭇 야믊의
문(오래) 이오라.

이것이 다석선생이 옛날에 직접 가리방으로 긁어 프린트 한 강의노트에 적힌 『老子』(늙은이) 제1장의 우리말 풀이다. 그 얼마나 아름다운 우리말이요, 그 얼마나 깊은 선생의 경전이해의 숨결이 느껴지는가?

다석(多夕)이라는 호는 뭐 대단한 뜻이 있는 것이 아니다. 선생은 스물네시간에 한 끼를 드셨는데, 해넘어가면 저녁때 잡수셨다. 그래서 많은(多) 끼니를 저녁(夕) 한번에 몰아 먹는다 해서 "多夕"이라 이름한 것이다. 함석헌이 어느날 유영모선생을 따라 북한산 등반을 했는데, 함석헌은 세끼를 다 먹고도 헐레벌떡 지쳐 고단함을 견디기 어려웠는데, 선생은 엊저녁 한끼를 먹고 아침에 싸가지고 온 도시락 두 개를 모두 온 사람에게 나누어 주시고는 아무것도 안드셨는데 등산이 다 끝나도록 仙人처럼 펄펄 피곤의 기색이 전혀 없으시더라는 것이다. 이때 함석헌이 부끄러움을 참지못하고 그때부터 一日一食을 했다 한다. 나 역시 요즈음들어 午後不食을 한지가 서너해가 되었는데, 一日一食으로 90평생을 건강히 사신 다석선생의 경지에는 도저히 미칠 수가 없을 것 같다. 잠도 하루에 4시간 정도만 주무셨는데 한번 잤다하면 옆에서 칼로 찔러도 모를 듯이 완벽하게 정신을 잃었다 한다. 당신 말씀으로 꿈같은 것 꾼 적이 없다 했고, 자는 것이 곧 죽는 것이라 했다. 깨나는 것은 살아나는 것이요, 하루하루가 새 날을 사는 것이다. 多夕선생에게는 오직 깨어 새로 사는 하루가 있었을 뿐이다. 어제도 없고, 오늘도 없고, 내일도 없었다. 오로지 하루가 있었을 뿐이다.

내가 지금 『노자』를 강해하면서 다석 유영모선생 이야기를 하는 것은 불과 이 땅에서 몇 년전까지 살아 있었던 늙은이 즉 老

子 이야기를 하려는 것이다. 내가 왜 이 늙은이 얘기를 하는고 하니, 이 늙은이야말로 우리나라에 기독교를 전파한 늙은이라는 것이다. 이것은 뭔 말인가? 유영모는 우리민족의 선각자 오산을 일으킨 남강 이승훈(李昇薰, 1864~1930)으로 하여금 『성경』을 처음 읽게 만들었고 그를 기독교에 입교시켰다. 그리고 이 땅에 기독교의 선구자들을 무수히 길러냈다. 그런데 다석은 기독교성경과, 유교경전과, 도가경전과, 불경이 모두 입에서 떠난 적이 없었고, "훈민정음"이야말로 우리민족을 구원할 하느님의 바른 (正) 소리(音)라고 생각했다. 그래서 우리말로 모든 경전을 풀이했다.

그는 열여섯에 예수를 믿기 시작했는데 항상 예수를 유일한 "효자"라고 불렀다. "효자"라는 것은 "아버님"에게 지극한 효성을 가진 사람을 일컫는 것이다. 그는 믿음을 하나님 아버지에 대한 효성이라고 생각했다. 그리고 죽음이야말로 효성의 완성이라고 생각했다. 그는 이 세상을 한마디로 식(食)과 색(色)이라고 생각했다. 그리고 모든 중생이 결코 식과 색을 벗어나지 못하고 헤매는 곤요로운 삶을 사는 것을 가엾게 생각했다. 그는 하나님 아버지란 별 것이 아니고, 식과 색을 초월한 者라고 생각했던 것이다. 예수야말로 이 하나님의 유일한 효자라는 것이다. 사람이라면 모름지기 우선 먹는 문제와 남녀문제에 대하여 확실한 견해를 가져야 한다는 것이다. 식색에 이끌리면 결국은 진리와는 멀어지게 된다는 것이다. 그의 생각은 이와 같이 간결하고 직절(直截)하다.

우리나라에 기독교를 도입한 기독교의 대부들은 이와 같이 속이 확 터진 "늙은이"(老子)들이었다. 그런데 요즈음 기독교인은 속이 밴댕이 콧구멍 보다도 더 좁아터질대로 좁아터진 "애송이"들이요, "난쟁이"들이요, 大人아닌 小人이다. 우리나라에는 너무도 소승기독교인들만 득실거리고 대승기독교인들이 희소한 것이다. 21세기 우리 기독교의 과제는 바로 나와 더불어 『노자』를 읽고, 나와 더불어 『금강경』을 읽는 일이다. 『성서』가 진리라면, 진리와 통하는 모든 진리에 대해 多夕 유영모선생처럼 마음을 열어야 할 것이다. 유영모선생은 기독교에서 말하는 성신을 "숨님"이라고 불렀다. 우리로 하여금 숨쉬게 하는 님, 그 생명의 숨결이면 모두 성신인 것이다. 다석이야말로 우리 곁에서 『노자』를 우리말로 풀면서 숨쉬고 사셨던 "숨님"이었던 것이다.

보통 "天地不仁"章으로 불리우는 이 장은 노자사상을 대변하는 아주 중요한 철학적 사색의 장으로 아주 잘 인용되고 널리 회자되어왔던 장이다. 그런데 이 장이 곽점죽간에 있는가 없는가? 있다! 와아! 대단하다! 있구나! 그런데 여기 우리의 흥분은 자제를 요구한다. 우리가 天地不仁장에서 논란이 많이 되는 주요 부분이 모두 **빠져있다**는 사실이다. 5장에서 "天地不仁, 以萬物爲芻狗; 聖人不仁, 以百姓爲芻狗。"부분이 **빠져** 있고, 또 마지막의 "多言數窮, 不如守中。"이라는 구절도 **빠져** 있는 것이다. 그러니까 중간의 "天地之間, 其猶橐籥乎? 虛而不屈, 動而愈出。"부분만 곽점죽간에 들어있는 것이다. 요 부분만 제25장의 "人法地, 地法天, 天法道, 道法自然。"뒤에 따라 나오고 있다.(죽간은 김밥 마는 발처럼 노끈으로 엮어져 있다. 그래서 그 순서를 알 수 있다.)

그렇다면, 帛書의 경우는 어떠한가? 帛書의 경우는 甲·乙本이 모두 명료하게 현행 王本과 거의 동일한 모습의 5장 전체를 싣고 있는 것이다. 곽점죽간을 제외해놓고 볼 때, 帛書가 나왔을 때, 우리 전문가들은 현행 王本 체제의 정밀성에 대해 찬탄을 금치 못했다. 예를 들면, 제일 끝 구절인 "多言數窮, 不如守中"과 같은 것은 王本의 전체적 흐름에서 볼 때, 그 맥락이 너무 돌출하여 있고, 그 의미가 독립된 느낌이 들어, 고증을 좋아하는 많은 주석가들이 딴 곳에 있던 죽간의 파편이 우연하게 錯簡으로 편입된 것이라고 간주하는 것이 상례였다. 그런데 帛書에는 그 부분조차도 고스란히 王本의 순서대로, 착간이라 말할 여지가 없이, 쓰여져 있었던 것이다. 여기 지금 내가 무슨 말을 하고 있는 것인지 독자들에게는 설명이 좀 필요할 것 같다.

죽간이란 대나무를 쪽 내어 그 위에 쓴 것이다. 그러므로 그 대나무 한 쪽에는 몇 글자 밖에는 쓰지를 못한다. 이 대나무 쪽을 발처럼 이어 책을 만드는데 그것이 곧 "篇"이다(대나무 竹변이 글자 위에 있다). 그래서 대나무로 만든 책자의 경우는 그 이은 끈이 끊어지게 되거나 죽간이 미끄러져 빠지거나 하면, 문장의 앞뒤가 뒤섞일 가능성이 높다. 이런 현상을 우리가 착간(錯簡)이라고 부르는 것이다.

그런데 帛書는 비단에 붓으로 쓴 것이다. 그 비단을 두루루 말거나, 어느 정도 넓이로, 포목장사들이 피목을 접는 형태로 착착 접어 포갠다. 그래서 비단으로 된 책은 그 量數를 권(卷)으로 세는 것이다. 이 백서의 경우는 비단 한 면에 요즈음의 책처럼 엄청나게 많은 글자를 쓸 수가 있고, 또 그 순서가 뒤바뀔 가능성이 전혀 없다. 그러니까 백서의 발견은 당시의 텍스트의 온전한 모습을 알게해주는 것이다. 지금 내가 "多言數窮, 不如守中"이 王本의 모습대로 帛書에 나타난다고 하는 것은 바로 이러한 비단책의 특성을 가지고 하는 말이다. 그리고 帛書가 『도덕경』의 순서가 아니라 『덕도경』의 순서로 되어 있다고 하는 것도, 「덕경」 부분이 「도경」 부분보다 앞쪽에 비단폭에 쓰여져 있는 사실을 가지고 하는 말인 것이다. 그러니까 帛書에까지만 해도 나타나는 天地不仁 구문과 多言數窮 구문이 곽점죽간에 나타나지 않는다는 사실은 5장의 성격에 관한 새로운

논증을 가능케하는 것이다. 다시 말해서 이 5장중에서 天地不
仁 구문과 多言數窮 구문은, 橐籥운운한 구문보다 후대에 첨가
된 부분으로 볼 수밖에 없다는 결론에 이르게 된다.

　"天地不仁"은 노자의 사상을 대변하는, 노자사상의 개념적
구성의 하나의 결정적 모우먼트를 제공하는 중요한 구문으로 논
의되어왔다. 그런데 여기서 문제가 되는 것은 바로 "不仁"이라
는 표현이다. 다시 말해서 "仁"이라는 표현이 어디까지나 유가
에서 특히 孔-孟계열에서 중심개념으로 썼던 말이고, 또 "不
仁"이라는 말이 그것에 상대적으로, 즉 仁의 사상을 부정하는
대립적 논리의 맥락에서 쓴 것이라고 볼 수밖에 없다고 한다면,
이 天地不仁의 사상은 유가의 仁의 사상이 세상에서 기세를 떨
치고 있던 시절이 아니면 생겨나기 어렵다는 뜻이다. 전국초기
만 해도, 아니 중기까지만 해도, 孔子는 당시에 크게 알려져 있
었던 인물이 아니었다. 유가라 하는 것은 魯나라를 중심으로 한
소수학통의 사람들에게 한정된 사상일 수 있다는 것이다. 다시
말해서 노자의 초기사상의 형성이 반드시 유가의 盛行을 의식해
서 그 안티테제로 이루어진 것이 아니라는 것이다. 그러기 때문
에 "天地不仁"의 프래그먼트가 유가사상이 天下에 풍미하게 된
이후에 그를 의식해서 후대에 첨가된 『노자』텍스트의 부분일
수 있다고 우리는 추론할 수 있게 되는 것이다. 바로 곽점죽간의
출현은 이러한 우리의 추론을 정당케 한다.

그러나 이러한 우리의 추론과 무관하게, 우리는 현행 王本텍스트를 있는 그대로 온전하게 이해할 필요가 있다. 죽간의 출현이 반드시 王本텍스트의 첨가된 부분이 죽간 당대에 不在했었다는 사실을 확정짓는 것은 아니며(새 자료가 나오면 또 高明의 愚를 범할 수도 있다), 이미 帛書에 天地不仁의 부분이 온전하게 드러나고 있다고 한다면 이미 그것은 노자사상의 정체적(整體的) 구조속에서 了解되지 않으면 아니되는 것이기 때문이다.

도대체 "天地不仁"이란 무엇인가? 내가 대학교 시절, 이 구절을 처음 읽었을 때 받은 충격의 정체는 무엇이었을까?

우리는 흔히 自然주의(Naturalism)하며는, 매우 낭만적인 목가적 풍경을 떠올린다. 모든 인위적 장난이 귀속되는 자리 ! 도시의 오염과 세멘트정글의 굉음에서 벗어난 녹색의 고요함, 그 고요하고 풍요로운 자연의 목가적 풍경은 우리에게 마음의 고향과도 같은 노스탈쟈를 제공하기에 충분한 것이다. 이것이 장 자크 룻소(Jean-Jacques Rousseau, 1712~1778)의 『에밀』과 같은 사상이 반영하고 있는 서구라파 계몽주의적 자연주의의 나이브한 측면이다. 문명을 버리고 자연으로 돌아가자 ! 자연으로 돌아가자고 외치는 이들에게는 실제로 자연이 무엇인가? 그 자연에 대한 깊은 통찰이나 치밀한 분석이 결여되어 있는 것이다.

자연(自然)이란 무엇인가? 물론 이 자연이란 말은 노자라는 사상가가 최초로 썼던 말이다. 다시 말해서 우리가 지금 가지고 있는 자연의 개념을 가지고 노자의 자연을 이야기하면 오류에 빠지는 것이다. 즉 우리의 자연에 관한 모든 논의는 노자로부터 시작되는 것이다. 즉 노자가 최초로 규정한 의미로써 우리는 우리의 자연을 이해해야 하는 것이다. 이것이 우리가 고전을 대할 때 가장 흔히 범하는 오류인 것이다. 근원으로써 말류를 설명해야지, 말류로써 근원을 규정할 수는 없는 것이다. 우리가 말하는 자연은 자연(自然)이 아니다. 즉 우리가 말하는 자연은 서양언어의 네이쳐(Nature)나 나투르(Natur)에 해당되는 명사다. 사실 그것은 해당된다고 말하기 보다는, 우리가 쓰고 있는 언어 그 자체가, 노자가 원래 규정한 의미와는 무관한 서양언어인 것이다. 단지 서양말의 번역술어에 불과한 것이다. 그리고 그것은 명사다.

그러나 노자는 자연을 명사로 말한 적이 없다. 명사가 아니라는 것은 그것이 하나의 독립된 실체적 개념이 아니며, 단지 어떠한 사태를 기술하는 문장 형태를 갖춘 것이라는 것이다. 그것은 명사가 아니라 상사(狀詞)인 것이다. 自然은 하나의 독립된 개념으로 쓰인 적이 없고, 自와 然이 독립된 의미단위이며 그것이 합해져서 이루어지는 문장인 것이다. 自는 무엇인가? 스스로 自이다. 然은 무엇인가? 그럴 然이다. 그럼 이 둘을 합치면 어떤 뜻이 되는가?

自	然
스스로	그러하다
self	so
What-is-so-of-itself	

"自然"은 모든 古文에서 단 한번도 요즈음의 말처럼 명사로
쓰인 적이 없다. 모든 문맥에서 그것은 어김없이 "스스로 그러
하다"라는 뜻일 뿐이다. 금세기 사이놀로지의 대가, 아더 웨일리
(Arthur Waley)는 "自然"을 "What-is-so-of-itself"로 번역
했다. "스스로 그러하다"는 상태의 기술과 우리가 생각하는 명
사로서의 자연은 너무도 먼 거리가 있다. 우리가 생각하는 현대
어의 자연은 기껏해야 "그린 벨트"를 의미할 뿐이다. 인공적 문
명이 가해지지 않는 푸른 숲을 명사화해서 자연이라고 부르고
있는 것이다. 노자에게는 그러한 명사로서의 자연은 존재하지
않는다. 푸른 숲은 결코 존재하는 것이 아닌 것이다. 그것은 쉼

이 없이 변하는 집합체일 뿐이다. 어떻게 자연이라는 명사가 성립할 수 있겠는가? 어떻게 인간이 문명을 버리고 돌아갈 수 있는 자연이라는 명사가 기다리고 있겠는가? 虛가 곧 실체로서의 빈 공간을 의미하는 것이 아니었다면 노자철학의 "自然"은 분명 실체화된 명사로서의 "그린 벨트"는 아닌 것이다. 홉스나 룻소가 말하는 "자연상태"(state of nature)란 실체로서 존재하는 것이 아니다. 自然이란 어떤 특정한 대상을 가리키는 명사가 아니라, 모든 존재, 즉 萬物의 존재방식을 기술하는 상태어이다. 어떠한 존재이든 그 존재가 자연과 비자연이라는 명사적 개념으로 분류되는 상황은 없으며, 어떤 존재이든지를 불문하고 그 존재의 존재방식이 "스스로 그러하면" 곧 그것은 자연이 되는 것이다.

소나무 한 그루가 곧 자연은 아니다. 그것은 서양인들의 명사적 개념속에서의 자연일 수는 있다. 그러나 소나무 한 그루라도 그것이 분재와 같은 방식으로 스스로 그러하지 못하게 자라날 때는 그것은 이미 자연이 아니다. 그것은 스스로 그러하지 못한 비자연이다. 일본인들의 자연(명사)은 대개가 자연(상사)이 아니다.

자연은 비단 소나무에만 적용되는 것이 아니다. 우리가 세멘트는 비자연이고 소나무는 자연이라고 말할 근거가 과연 있겠는가? 세멘트도 다 자연에서 구한 것이다. 세멘트도 자연일 수 있는 것이다. 그리고 자연은 그러한 물리적 대상이 아닌 인간의 마음에도 적용될 수 있는 것이다. 인간의 마음이 스스로 그러할 때는 그것이 곧 자연이다. 우리가 어떤 사람의 인격을 가리켜 그 사람은 퍽 "자연스럽다"라고 말하는 반면, 어떤 사람의 인격을 가리켜서는 "어색하다," "인위적이다," "억지스럽다," "가식적이다," "꾸민다" 등등의 말을 쓴다. 우리의 통상어에 "자연스럽다"라는 표현이야말로 노자가 말하는 "自然"의 의미에 가장 가깝게 오는 말일 것이다.

저 들판에 자라는 나무 하나 하나가 모두 스스로 그러하게 자랄 때 그것은 제각기 다양한 모습을 지닌다. 모든 나무의 자라는 모습이 "生而不有"할 때 그것은 그 환경에서 가장 스스로 그러한 모습으로 되어지는 것이다. 우리나라의 해안선 하나 하나가 모두 다 스스로 그러하게 형성된 것이고 그에 따라 갯벌과 생태계가 모두 스스로 그러하게 형성된 것이다. 그런데 그 해안선이 새만금의 모습으로 바뀐다고 하는 것은 분명 스스로 그러하게 바뀌는 것이 아니다. 그것은 분명 스스로 그러하지 않게 인간의 조작이 加해지는 것이다. 이 스스로 그러하지 않음이 바로 "인위"(人爲)요, "유위"(有爲)다.

그렇다면 도대체 이 스스로 그러하다는 것은 어떤 특징을 갖는 것일까? 사실 "스스로 그러하다"는 뜻은 인간의 언어적 조작의 한계를 벗어나 있다는 뜻이다. 사실 "스스로 그러하다"는 것은 왕필의 말대로 말이 끝나는 데서 시작하는 말인 것이다. 즉 언어가 아닌 언어인 것이다. 언어가 좌절되는 언어인 것이다. 스스로 그러하다는 것은 우리 인간의 언어가 미칠 수 없는, 스스로 그러한 영역을 가리키는 것이다. 따라서 스스로 그러함에 대해서는 원칙적으로 어떠한 인간의 인식에 의한 특징을 운운해서는 아니된다. 그것은 도가도 비상도의, 가도지도를 넘어서는, 항상 스스로 그러한 常의 세계인 것이다.

그러나 노자철학을 총괄해서 보면 그가 말하는 스스로 그러함은 분명 어떤 특징이 있다. 그 특징이 무엇인가? 노자가 말하는 "스스로 그러함"은 바로 만물의 존재방식이 "빔"을 극대화시키는 방식으로 유지될 때 스스로 그러하다고 하는 것이다. 즉 항상 도는 스스로 그러할 때, 빔을 유지한다는 것이다. 스스로 그러하지 못하다는 것은 그 빔을 채워버리는 방향, 그 빔을 근원적으로 파괴시키는 방향으로의 사태를 가리키는 것이다. 따라서 함이 없음(無爲)은 아무것도 하지 않음이 아니라, 빔을 유지하는 함이요, 그 빔을 유지하는 함이야말로 바로 스스로 그러함이라는 것이다. 이것은 當爲가 아니라 自然이다. 이것은 곧 모든 존재를 스스로 그러하게 내버려 둘 때는 반드시 스스로 그러하게 허를 유지한다고 하는 자연의 모습을 가리키는 것이다. 인간의 有爲

的 행동만이 빔을 유지시키지 않으며 스스로 그러함을 거부한다는 것이다. 스스로 그러함은 存在의 自然이다. 여기서 우리는 虛와 無爲와 自然이 하나로 노자철학에서 관통되고 있음을 발견한다. 그리고 그것이 바로 道의 쓰임(用)이다.

빔(虛) ≡ 함이 없음(無爲) ≡ 스스로 그러함(自然) ≡ 쓰임(用)

그렇다면 서양언어의 명사로서 자연(Nature)에 해당되는 말은 노자철학에 없는가? 있다 ! 그것이 뭐냐? 그것이 바로 "천지"(天地)라는 것이다. 그럼 천지란 무엇이냐?

천지란 무엇인가? 그것은 천(天)과 지(地)를 이름이다. 천이란 무엇이냐? 그것은 하늘이다. 지란 무엇이냐? 그것은 땅이다. 그런데 여기서 우리가 조심해야 할 것은 天과 地가 본시 일반명사가 아니고 고유명사라는 뜻이다. 우리가 살고 있는 세계 즉 우주를 天과 地라는 고유명사 두 개를 합쳐서 말하는 例가 타 문명권에는 보이지 않는다. 코스모스(cosmos), 월드(world), 유니버스(universe), 네이처(nature), …… 모두 "하늘과 땅"이라는 내용의 뜻이 아니다. 다시 말해서 天地는 중국문명에 고유한 세계관을 지칭하는 고유명사적 어법으로서 천과 지는 각기 그 근원을 올라가면 하늘신과 땅신을 지칭하는 이름에서 유래된 것이다. 그래서 내가 그것을 고유명사라 하는 것이다. 그러나 이것이 하나의 우주론으로 정착되는 것은 戰國中葉(아마도 초엽에서 중엽 사이), 즉 비교적 후대에 형성된 것이다. 이것을 나의 기철학(Philosophy of *Ki-Mom*)적 용어로 천지코스몰로지(*T'ien-ti Cosmology*)라고 한다. 이 천지코스몰로지적인 세계관을 초기 『노자』는 조금씩 반영하기 시작하다가 후기 『노자』는 본격적으로 반영하고 있는 모습을 보이고 있다.

땅은 이 쏘일(Soil), 이 어쓰(Earth)인가? 하늘은 저 스카이(Sky), 저 헤븐(Heaven)인가? 바로 이러한 식의 이해가 유치한 서양인들의 실체론적 사고다. 동양에서 천과 지라는 것은 또 다시 이렇게 실체적인 대상을 가리킨 적이 없다. 땅이나 하늘이나 동양적 세계관에 있어서는 모두 氣다.(『노자』에게서 이러한 氣論的 세계관이 정착되었다고 말하기는 어렵다. 『노자』는 그 이전의 어떤 프로토적 모델만을 가지고 있다. 본격적인 氣論的 세계관은 전국말기에서 漢初에 걸쳐 형성된 것이다.) 그런데 땅은 氣의 有形이요, 하늘은 氣의 無形일 뿐이다. 땅은 반드시 이 누런 땅만을 가리키는 것이 아니요 하늘은 반드시 저 푸른 하늘만을 가리키는 것이 아니다. 땅이란 형체있음을 이름하는 것이요, 하늘이란 형체없음을 이름하는 것이다. 형체없음이라 해서 비존재가 아니요, 그것 또한 존재의 한 양식일 뿐이다. 그것은 우리의 감관인식에 형체적으로 파악되지 않을 뿐이다. 無形과 有形이 모두 形인 것이다.

하늘(天)	형체 없음(無形)	形而上	一 形	一 氣
땅(地)	형체 있음(有形)	形而下		

이것이 음양가들에게 내려오면 형체가 없는 하늘을 양(陽)이라 부르게 되고, 형체가 있는 땅을 음(陰)이라 부르게 된다. 그러나 하늘과 땅, 음과 양이 모두 고정된 실체적 대상을 가지고 있는 것이 아니다. 모든 만물의 존재가 하늘과 땅으로 구성되어 있는 것이다. 모든 만물의 존재가 음과 양의 합성인 것이다. 남자속에도 여자가 들어있고, 여자속에도 남자가 들어있는 것이다. 나의 몸(Mom)에서 형체가 없는 것은 하늘이 될 것이요, 양이 될 것이다. 나의 몸에서 형체가 있는 것은 땅이 될 것이요, 음이 될 것이다. 옛사람들은 나의 몸의 하늘을 혼(魂)이라 했고, 나의 몸의 땅을 백(魄)이라 했다. 그리고 또 나의 몸의 하늘을 신(神)이라 했고, 나의 몸의 땅을 정(精)이라 했던 것이다.

하늘(天)	양(陽)	혼(魂)	신(神)	몸
땅(地)	음(陰)	백(魄)	정(精)	

　많은 사람들이 이러한 뜻도 모르고 정신(精神)을 마치 神에 해당되는 스피리츄알(spiritual)한 부분의 뜻으로만 새기고 있는데, 정신은 정신이 아니요, 神과 精을 같이 이름이요, 내 몸의 하늘과 땅을 같이 이름이다. 오늘날의 정신분석학이나 서양의학의 모든 오류가 이 "정신"(精神) 두 글자에 대한 무지에서 비롯된다 말해도 과언이 아닌 것이다. 이것은 내 기철학의 방대한 의론(醫論) 부분을 들어봐야만 그 실마리를 터득할 수 있는 이야기 이지만 여기서는 거론키를 삼갈 수밖에 없다. 정신은 마인드(Mind)가 아니요, 몸(Mom)이다.

　『중용』을 읽어보면 쉽게 터득할 수 있지만, 『중용』이라는 책은 바로 이러한 천지코스몰로지의 체계적 틀이 완성되면서 성립한 철학서이다. 『중용』의 저자가 말하는 천지는 근세 물리학이 말하는 죽은 자연이 아니다. 천지는 살아있는 생명체요, 천지 그 자체가 하나의 호미오스타시스(中庸)를 갖는 유기체(Organism)인 것이다. 생명이란 무엇인가? 동양인들은 생명을 불(火)과 물

(水)로 생각했다. 물은 생명의 質이요, 불은 생명의 힘이다. 물은 생명의 근원이요, 불은 생명을 잉태시키는 생명력이다. 불은 하늘이요, 물은 땅이다. 하늘과 땅의 합침이 생명이요, 불과 물의 합침이 생명이다. 우리의 몸이 싸늘하면 죽는다. 나의 몸의 온기는 불이다. 그것은 나의 몸의 생명력이요, 나의 몸의 에너지요, 나의 몸의 心이요, 나의 몸의 태양이요, 하늘이다. 그러나 불은 물이 없으면 그 생명력을 발휘할 수 없다. 땅은 물이요, 내 몸의 피요, 내 몸의 精액이요, 내 몸을 지탱하는 모든 세포의 터전이다. 이 땅의 물에 불이 쬐일 때 氣化가 일어나며 생명의 활동이 일어난다.

하늘	불(火)	기(氣)	혼(魂)	몸
땅	물(水)	혈(血)	백(魄)	

저 하늘 밖은 다행스럽게 쇳덩어리처럼 차가운 대기의 막으로 둘러싸여 있어 수분의 증발이 차단된다. 이 지구를 둘러싸는 그러한 장치가 없으면 이 지구의 바다는 금방 증발되어 흩어져 버리고 말 것이다. 물의 순환이야말로 이 천지생명의 신진대사의 기본 틀이다. 땅의 물이 하늘로 氣化(陽化)되어 올라가면 다시 陰雨로 結되어 땅으로 떨어진다. 땅은 또 다시 이 음우를 받아 온 생명을 잉태시킨다. 이러한 신진대사의 틀을 인간에 비유하

면 하늘의 음우가 남자의 사정(射精)으로 상징되는 남성적 행위 (masculine act)가 될 것이요, 땅은 곧 그 정액을 받아들이는 여인의 성스러운 자궁이 될 것이다. 그 자궁에 태반이 형성되고 생명은 잉태되는 것이다. 하늘과 땅 사이에서 생겨난 모든 생명을 "만물"(萬物)이라 부르니, 만물의 애비는 하늘이요(乾稱父), 만물의 에미는 땅이다(坤稱母). 하늘은 만물을 덮는 것(覆)이요, 땅은 만물을 싣는 것(載)이다. 엄마는 우리를 업어 주시고, 아버지는 우리를 덮어 주시지 아니하였던가?

하늘(天) = 덮는 자(覆) = 애비(乾元)

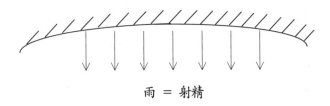

雨 = 射精

反者   道之動

萬物 = 生成

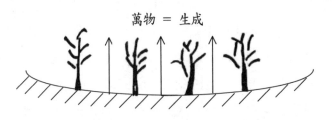

땅(地) = 싣는 자(載) = 에미(子宮)

자아 ! 동양의 "하늘과 땅"에 관하여 이만큼 얘기를 들었으면 조금 어렴풋이나마 동양인의 세계관이 이해가 되기 시작했을 것이다. 그러나 이것은 정말 단순한 원시적 사유라고 깔보다가는 큰 코 다친다. 이 배후에는 여러분들이 상상키 어려운 심오하고 정확한 과학적 사고(scientific thinking)가 숨어 있다. 신화적 상상력(mythical imagination)은 단지 그 거대한 통찰을 표현하기 위한 지극히 소략한 단초에 불과하다. 『노자』를 우습게 알다가는 큰 코 다친다. 『노자』야말로 21세기 인류과학의 새로운 비젼이다 ! 물리학과 생물학과 화학, 이러한 자연과학적 성과의 어떤 소중한 측면들이 21세기에는 『노자』와 결합되지 않을 수 없는 새로운 국면을 열어가게 될 것이다.

끝도 없는 이 배경 이야기들을 좀 단절시키고, 『노자』텍스트의 본론으로 다시 돌아가 보자 ! 우리는 天地라 하면, 우리의 문명의 죄업을 떨치고 돌아갈 수 있는 포근한 삶의 근원, 엄마의 자궁과도 같은 안온함을 연상하기 쉽다. 모든 자연주의의 낭만성이 이러한 관념에 사로잡혀 있는 것이다. 그러나 노자는 말한다. 천지는 인자하지 않다 ! **하늘 따이 어질지 않은가. 잘몬을 가지고 꼴개를 삼으니.**(天地不仁, 以萬物爲芻狗。多夕 역)

내가 요번에 시드니에서 강연할 때 였다. 요번 여름, KOSID에서 주최한 세계실내건축가 워크숍, WING(World Interiors for Next Generation, 첫 글자만 따서 "날개"라는 뜻이 된다)의 토론 주제가 바로 "흙"이라는 것이었다. 나는 바로 이 "흙"이라는 것이 어떻게 건축문화・건축개념과 관련되는가를 우리 동양철학적 측면에서 해석하는 논문을 발표했다. 나는 바로 이 논문 때문에 시드니에 가게 되었던 것이다. 나의 논문은 홍보될 기회가 없었음인지, 이 땅의 건축가들의 별다른 주목을 끌지못했던 것 같다. 그러나 나의 이야기를 서울에서 들었던 외국인들이 나의 언설을 하나의 충격으로 받아들였고 나는 그 때문에 시드니의 컨벤션 센타에까지 서게 되었던 것이다. 그 한 구절을 소개하면 다음과 같다.

人體에 있어서 五行은 장부의 기능에 상응한다. 金은 폐・대장이요, 水는 신・방광이요, 木은 간・담이요, 火는 심・소장이요, 土는 비・위다. 인체에서도 역시 土는 중앙토다. 인체의 모든 에너지의 시원이 비・위인 것이다. 인체에 있어서 비・위의 일차적 특성은 腐熟이다. "腐熟"이란 "썩힘"이요, 썩힘이란 인체에서 "소화"라는 현상으로 나타난다. 부숙은 火를 전제로 하는 것이다. 따라서 비위가 冷하면 人體는 정상적 기능을 할 수가 없다. 비위는 더워야 모든 것을 썩히고 氣化시킬 수 있는 것이다. 비・위의 모든 소화효소작용을 火라고 표현한 것이다.

흙도 마찬가지인 것이다. 땅은 땅으로서 실체론적으로 存在하는 것이 아니다. 땅은 끊임없는 부숙의 역동체이

다. 땅은 존재가 아니다. 그것은 부숙의 기운이다. 땅은
미생물의 보고요, 생명의 집합체이다. 땅이 만물을 썩히
지 않는다면 우리의 삶의 공간은 온갖 시체로 점유되었을
것이다. 땅은 단순함으로의 복귀다. 땅은 분해와 해체의
마당이며 동시에 합성과 구성의 근원이다. 흙은 만물이
歸하고 만물이 生하는 자리며, 하늘을 구현하는 어미(母)
인 것이다. 흙을 떠난 삶의 우주를 우리는 생각할 수 없
는 것이다.

In terms of the human body, the Five Phases
correspond to the organs and viscera. Metal
corresponds to the lungs and the large intestines;
Water, to the kidneys and the urinary bladder;
Wood, to the liver and the gall bladder; Fire, to
the heart and the small intestines; and Earth, to
the pancreas and the stomach. Even here, in the
human body, Earth is Central Earth. The source
of all energy within the body is the pancreas
and the stomach. The functional office of the
pancreas and the stomach is putrefaction(*pusuk*).
"Putrefaction" means "to rot," and "rotting"
appears in the body as the phenomenon of
"digestion." And rotting presupposes the
existence of Fire. Accordingly, if the pancreas

and the stomach are cold, the body cannot function normally. Only if they are hot, can the pancreas and the stomach accomplish their task of rotting what has been eaten, and convert it into *Ch'i*. All enzyme functions of the pancreas and the stomach, we call Fire.

The same goes for the soil. The soil does not exist as an independent substance. The soil is a dynamic body of continuous process of putrefaction. The soil is not an existent. It is the Life Force of putrefaction. The soil is the treasure house of micro-organisms, and the matrix of Life. If the earth did not rot everything that is born of it, every inch of our terra firma would be covered with corpses. The soil is the returning to simplicity. The soil is theatre of decomposition and deconstruction, and at the same time, the origin of construction and synthesis. The soil is the seat to which a myriad things return, and from which a myriad things are born. As the Mother, the soil is the embodiment of Heaven. It is impossible to imagine the universe of Life apart from the soil.

그리고 나는 제일 마지막에 이런 이야기를 했다.

인간도 흙에서 흙으로 돌아가고, 건물도 흙에서 흙으로
돌아간다. 건물에 쓰여지는 흔한 소재들, 진흙, 돌, 유리,
쇠, 나무, 종이 등, 이 모든 것이 흙의 변형이다. 흙은 땅이
다. 건물이란 곧 땅의 피륙속에 하늘을 짜아넣는 것이다.

From dust to dust, Man and his constructions
return. The common materials that make up a
building, clay, stone, glass, metal, wood, paper,
etcetera, are all so many transformations of the
soil. The soil is Earth. To construct a building is
to weave Heaven(*Li*) into the fabric of
Earth(*Ch'i*).

이 이야기가 끝났을 때 세계의 건축가들은 나에게 열광적인
기립박수를 보냈다. 결국 우리가 말하는 공간의 창출이란 땅의
피륙속에 하늘을 짜아넣는 것이라는 이 나의 말 한마디에 그들
은 순수한 감동의 정감을 아낌없이 표현해주었던 것이다.

이 감동의 순간이 끝났을 때였다. 어떤 귀엽게 생긴 젊은 동
양남자가 나에게 다가왔다.

"진 쟈오서우, 쩨이거 쩨이거 쩐마지에스(金敎授 ! 這個, 這個, 怎麽解釋?)"

대만 청년이었다. 아주 곤혹스러운 표정이었다. 아주 절망스러운 표정이었다. 나는 그때 얼핏 그가 무엇을 말하려는지 육감이 스쳤다. 그때가 바로 대만에서 어마어마한 지진이 나고, 나의 대만대학교 옛친구들의 희생소식까지 들려왔던 그 바로 직후였다.

"김교수님이 말씀하시는 그 땅을 어떻게 믿습니까? 그 위대한 땅이 마구 흔들립니다. 그 위대한 자연이 마구 요동칩니다. 그 흔들리는 땅으로 우리는 결국 되돌아가야 한다는 겁니까? 동양철학적 세계관이 다 뭡니까? 땅을 믿고 살수가 없다니 ! 도대체 이걸 어떻게 해석해야 되는 겁니까?"

과연 내가 그 청년의 고뇌 앞에서 무엇을 말할 수 있으랴 ! 어떠한 인간의 언어로 그를 위로할 수 있으리오. 나는 그와 함께 눈물을 흘리고 애통해 할 수밖에는 없으리라 ! 나는 침묵할 수밖에 없었다. 그리고 아무 말도 하지 않았다. 그러나 나는 나의 침묵속에서 다음과 같은 노자의 말씀을 떠올리고 있었다:

티엔띠 뿌르언 !
天地　不仁 !

노자는 말한다. 천지는 결코 인간을 위해서 존속하는 것이 아니다. 천지는 인간의 기대나 좌절이나 희망이나 믿음과 무관하게 움직이는 스스로 그러한 생명체일 뿐이다. 인간의 믿음과 소망에 답하는 기독교의 하나님과는 그 모습이 너무도 다르다. 천지는 인간을 위하여 인간에게 인자한 모습으로 항상 기다리고 서 있는 존재가 아니다. 그것은 천둥을 치고 벼락을 치고 화산을 터트리고 홍수를 내고 산불을 내고, 지진으로 땅을 가르고 가뭄으로 모든 것을 다 말라버리게 한다. 그것은 가혹하고 각박하기 이를 데 없다. 생각해보라! 올 여름, 임진강 둑이 터질까 촉각을 곤두세우며 뻥뚫린 하늘을 쳐다보며 원망하던 문산, 파주, 연천의 사람들을! 그들에게 룻소의 자연주의가 통하겠는가? 에밀 졸라의 자연주의가 의미가 있겠는가? Heaven and Earth are ruthless! 천지는 잔인하다! 老子의 사상에는 가벼운 낭만이 통하지 않는다. 그러나 바로 천지는 잔인하기에 위대한 것이다. 잔인하기에 믿을 수 있는 것이다. 둑터진 임진강의 탁류에 휩쓸려 묻힐지언정 천지를 원망치마라! 왜? 우리의 천재소년 왕필은 이에 대해 다음과 같이 대답을 하고 있다.

天地任自然, 無爲無造, 萬物自相治理, 故不仁也。 仁者必造立施化, 有恩有爲。 造立施化, 則物失其眞。 有恩有爲, 則物不具存。 物不具存, 則不足以備載矣。

천지는 스스로 그러함에 자신을 맡길 뿐이다. 그래서 함이 없고, 조작함이 없다. 그래서 만물은 스스로 서로 다스리며 질서를 유지한다. 그러기 때문에 인자하지 않다고 말한 것이다. 인자하게 되면 반드시 조작하고 편들어 세우고 베풀고 변화시키고 하는 따위의 장난이 개입된다. 그리고 은혜를 베푼다 함이 생기고 함이 있게 된다. 조작하고 편들어 세우고 베풀고 변화시키면, 사물은 그 본래의 진실한 모습을 잃어버린다. 은혜를 베풀고 함이 있게 되면, 사물은 온전하게 존속될 수가 없다. 사물이 온전하게 존속되지 못한다는 것은 곧 천지가 만물을 온전하게 생성시키지 못한다는 것을 의미하게 되는 것이다.

야훼는 이스라엘 백성만을 사랑한다. 그래서 애굽인들의 장자를 모조리 죽이면서까지 이스라엘 백성들을 탈출시킨다. 야훼는 은총을 베푼다, 은혜를 베푼다. 그 대신 이스라엘 백성들은 야훼와 계약을 맺어야 한다. 우리를 파라오의 손아귀에서 빼내서 젖과 꿀이 흐르는 가나안 땅으로 인도하신 야훼 하나님이시여 ! 우리는 당신만을 섬기겠나이다 ! 옳다 ! 그렇다 ! 너희들이 그 약속을 어길 때 나는 너희들에게 저주를 퍼부으리라 ! 나의 이름은 질투하는 야훼, 곧 질투하는 신이다 ! (「출애굽기」 34:14)

노자의 하나님은 이러한 계약을 거부한다. 인간적인 "造立施化"의 투영을 거부한다. 노자의 하나님은 은혜를 베풀지 않는다. 노자의 하나님은 은총의 하나님이 아니다. 그래서 누구의 편을 들지도 않는다. 그래서 자기만을 섬기라는 아무런 요구도 없다. 노자의 하나님은 만물을 자라게 하지만 그들에게 요구함이 없다. 공을 이루면서도 그 속에 거함이 없다. 그리고 침묵속에서 말할 뿐이다. 만물이여! 그대들은 나없이 스스로 그러할지니!

조선의 백성들이여! 21세기의 개화된 민주의 백성들, 과학의 백성들이여! 질투하는 편협한 하나님을 믿겠는가? 소리없이 스스로 그러하신 너그러운 하나님을 믿겠는가?

노자는 또 말한다. 天地가 不仁한 것처럼, 聖人 또한 不仁해야 한다. 생각해 보라! 우리는 백성들을 어여삐 여기고 사랑하고 은혜를 베풀고 교화하는 대통령을 좋아할지 모른다. 노자는 말한다. 모름지기 대통령은 은혜를 베풀면 안되고 백성을 사랑한다 생각하면 아니된다. 그는 인자하면 아니된다. 그는 잔인해야 한다. 자기 당이라 편들고, 선거전에 자기에게 괘씸하게 굴었다고 미워하고, 정적이라 해서 그 능력이 있음에도 인정치않고 무조건 음해하기만 한다면 과연 지도자의 자격이 있겠는가? 天地不仁! 聖人不仁! 그 얼마나 통렬한, 핵심을 찌르는 反語인가!

"天地不仁, 以萬物爲芻狗。"의 구문에서 "以 A 爲 B"는 "A를 가지고 써 B를 삼는다"는 뜻인데, 이것은 "A를 B로 간주한다"는 뜻이 된다. "to regard A as B."가 된다. 그런데 "芻狗"(추구)란 무엇인가? 꼴개, 풀강아지란 무엇인가?

이 구문에 대한 해석은 갑론을박이 많다. 그러나 가장 흔한 해석은 "추구"라는 것은 제사에 쓰는 지푸라기로 엮어 만든 강아지 형상인데, 제사의 제물로 쓸 때는 비단옷을 입혀 아주 귀하게 쓰다가 제사가 끝나면 시궁창 아무 곳에나 내버려 짓밟히거나 태워버리거나 한다는 것이다. 그러므로 전혀 무가치한 것이 되어버리는 것이다. 天은 하늘이요, 地는 땅이요, 萬物은 그 양자 사이에서 생성되는 뭇 존재들이다. 그런데 하늘과 땅은 어질지 않아(不仁), 자기가 생성시키고 있는 萬物을 풀강아지로 취급한다는 것이다. 마찬가지로 聖人 또한 不仁하여, 자기의 百姓을 풀강아지로 취급한다는 뜻이다. 우리말에 "초개만큼도 생각치 않는다"라는 표현이 있는데, 추구는 이 초개(草芥)정도의 표현으로 생각하면 될 것 같다. 그런데 이러한 일반 해석에 대하여 우리의 천재소년 왕필은 전혀 다른 견해를 제출하고 있다. 왕필은 추구를 한 개념으로 보지 않고, 추와 구를 각각 독립된 의미단위로 보고 그 사이에 많은 논리가 숨어있는 것으로 풀이하고 있다.

> 地不爲獸生芻, 而獸食芻。不爲人生狗, 而人食狗。無爲於萬物, 而萬物各適其所用, 則莫不贍矣。若慧由己樹, 未足任也。

땅은 짐승을 위하여 풀을 생하지는 않는다. 그런데 짐승은 풀을 먹는다. 또 사람을 위하여 강아지를 생하는 것도 아니다. 그런데 사람은 강아지를 잡아 먹는다. 이와 같이 천지가 만물에 대하여 조작적인 함이 없으면, 만물은 제각기 그 쓰임을 얻을 뿐이다. 그리되면 넉넉하지 않음이 없게 된다. 그러므로 지혜라는 것은 자기만을 통하여 수립하게 되면 그것은 믿고 맡길 만한 것이 못되는 것이다.

제일 마지막 구문은 마치 『금강경』의 無我相의 說法을 연상시킨다. 시대적으로 왕필시대에 이미 반야사상이 중국에 들어와 있었다는 문헌상의 논의는 가능하지만, 왕필이 불교의 영향을 직접 받았다고 보기는 어렵다. 왕필은 독자적으로 자신의 통찰을 형성했을 것이다.

왕필이 여기서 말하고 있는 것은 무엇인가? 바로 왕필은 "不仁"을 우리가 살고 있는 세계가 어떠한 목적론적 이념이나 그 이념의 사슬속에 얽매여 있지 않다는 뜻으로 해석한 것이다. 이러한 왕필의 不仁의 해석은 탁견이다 ! 그것은 희랍인들, 특히 아리스토텔레스가 이 세계를 에이도스(형상)와 휠레(질료)의 목적론적 인과사슬로 해석한 후, 그것이 기독교의 초월신관의 "그랜드 디자인" 아이디어와 맞물려 중세기 토마스 아퀴나스의 목적론적 신학체계를 大成시켰던 그 모든 위대한 서구전통의 전면적 부정을 의미하는 것이다.

저기 저 아름다운 백합꽃을 보라! 솔로몬의 찬란한 보석 옷보다도 더 아름다운 저 백합꽃을 보라! 그것이 과연 신의 디자인을 찬양키 위해 피어있는가? 왕필은 말한다. 웃기는 소리하지 마라! 그것은, 우리의 손가락이 다섯 개의 모양을 하고 있는 것은 마치 다섯 손가락 모양의 장갑을 끼기 위하여 그렇게 생겨져 있는 것이라고 말하는 개그맨의 우스꽝소리 이상의, 논리적 오류의 자격조차 없는 허튼소리에 지나지 않는다. 땅이 짐승 먹으라고 풀을 생하는 것은 아니다. 다시 말해서 짐승이 풀을 먹는다는 사실 때문에 풀의 존재가 짐승을 위하여 있다고 하는, 그 "위하여"(*telos*)의 목적론적 사유야말로 인간이 자연에 부여하는 최대의 오류요, 모든 종교가 인간을 기만하는 함정이라는 것이다. 이 함정에 한번 걸려 들기만 하면 우리 인간은 영원히 신이라는 존재를 **위하여** 만물이 존재한다고 하는 성스러운 비전의 사기에 휘말리게 되는 것이다. 왕필이 여기서 말하고 있는 것은 요새말로 하면은 에코체인(eco-chain)이다. 즉 먹이사슬이요, 생명의 순환이요, 생태의 고리다. 그런데 이 사슬이 목적론적 의미체가 아니라는 것이다. 그것은 그냥 스스로 그러한 것이다. 우리가 그것을 스스로 그러하다고 인식할 때만이 우리는 자연의 순환을 바르게 인식할 수 있는 것이다. 거기에 목적론적 가치를 개입시키면 반드시 북한산을 마구 훼손하고 안산, 낙산, 남산, 관악산, 닥치는 대로 다 훼손하면서 어떠한 목적론적 구실인들 다 둘러댈 수 있는 이론적 근거가 마련되는 것이다. 어떠한 존재가 반드시 목적론적 전제가 있어야 존재의 가치가 있다고 생각하는 것이야말로 럿셀경의 말대로, 그것은 "상상력의 빈곤"일 뿐인 것이다. 天地不仁！ 이 하나의 명언을 보다 진실하게 이해하자！ 보다 깊게 깨닫자！ 그리고 天地不仁의 二十一世紀를 맞이하자！ 이 天地의 同胞들이여！

앞서 말했듯이 "天地之間, 其猶槖籥乎！ 虛而不屈, 動而愈出。"은 이 5장의 가장 오래된 층대를 형성하는 프라그먼트로서, 王本, 帛書本, 竹簡本에 공통되며, 이 三者간에 文字의 出入이 거의 없다.(문자학적으로 문제가 되는 異體字들만 있을 뿐이다).

왕필은 탁(槖)과 약(籥)을 독립된 의미체로 보았다. 탁은 대장간에서 쓰는 풀무(排槖)로 보았고, 약은 "생황" 정도나 되는 악기(樂籥)로 보았다. 그런데 많은 주석가들이 "탁약"은 두 글자가 함께 대장간에서 쓰는 풀무의 뜻으로 새겨야 한다고 의견을 모으고 있다. 나 역시 동감이다. 아마도 탁은 겉 나무 상자를 가리키고 약은 그 속을 왔다 갔다 하는 피스톤을 가리킨다고 보면 될 것 같다. 그런데 재미있는 사실은 이러한 『노자』의 구절들이 고고학적으로 실증될 수 있는 당대의 기물들의 실제적인 정황을 반영하고 있다는 사실이다. 로버트 템플(Robert Temple)이 지은 『그림으로 보는 중국의 과학과 문명』(*China-Land of Discovery and Invention,* 우리나라 까치 출판사에서 번역되어 나왔다. 1993) 을 보면 "복동식 풀무"에 관한 이야기가 나온다(73~75쪽). 아주 단순한 장치인데 피스톤이 왔다 갔다 하면서 양쪽으로 다 쉼이 없이 바람을 내는 기발한 구조인 것이다.

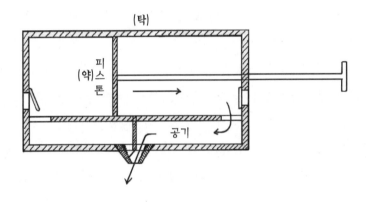

내가 살던 천안의 큰 재빼기에도 대장간이 있었는데 둥그런 화덕 옆으로 진흙으로 이긴 벽면속에 이러한 풀무가 장착되어있 었다. 아마 그것도 이러한 복동식 풀무였을 것이다. 이 간단한 복동식 풀무의 발명이 중국의 야금기술의 비약을 가져오게 한 것이다(온도가 떨어질 기회가 없다). 서양에서는 단동식 풀무 조차 역사에 등장한 것이 기원전 2세기 이상을 거슬러 올라가지 않는다. 16세기 경에나, 이 복동식 풀무가 중국에서 유럽으로 전래되어 복동식의 아이디어가 도입되었던 것이다.

이 풀무의 찌그러들지 않는 통을 노자는 하늘과 땅에 비유한 것이다.

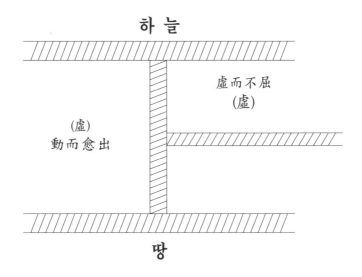

이 통이 만약 무엇으로 꽉 차있다면 바람이, 움직일수록 더 나오는 일은 없을 것이다. 풀무가 비어있다는 것, 그리고 그 빈 곳에서 끊임없이 바람이 生成되어 나온다는 것, 이것이 지금 노

자가 우리의 우주에 대하여 말하려는 것이다. 그러나 이 풀무의 비유가 물리학적으로 정확한 界를 설정하고 한 이야기는 아니지만, 엔트로피의 감소와 증가의 전체적 발란스를 전제로 한 어떤 순환적 모델을 상정하고 있다는 것은 우리가 얘기할 수 있는 것이다. 이 순환하는 빔이야말로 生의 원천인 것이다. 이것은 매크로한 우주의 전 체계에 대한 노자의 생각인 것이다.

제일 마지막 구절은 簡本에는 없으나 王本과 帛本에는 있는데, 王本과 帛本은 그 문자에 매우 중요한 차이가 있다.

王　　　本	多言數窮, 不如守中。
帛書 甲·乙本	多聞數窮, 不若守於中。

가장 중요한 차이는 多言과 多聞이다. 王本의 경우, 그 뜻은 "말을 너무 많이 하면 자주 궁하게 된다. 그 가운데를 지키느니만 같지 못하다"가 된다. 여기서 數은 수가 아니고, 자주 삭이라고 읽고 새긴다. 그런데 역시 이 구절에서는 王本이 帛本에 따라 수정되지 않을 수 없다고 생각된다. 帛本의 글은, "너무 많이 들으면 자주 궁해진다. 그 속에 지키느니만 같지 못하다"라

는 뜻이 된다. 言은 한 인간의 심적 에너지를 놓고 볼 때, 안에서 밖으로 나가는 것이다. 반면, 聞은 밖에서 안으로 들어가는 것이다.

言	內 →(出) 外
聞	外 →(入) 內

왕필은 안에서 밖으로 너무 많이 나간다는 이미지를 가지고 "窮"(다한다. 궁색해진다. to exhaust)과 연결시켰다. 그러나 帛書의 본래적 의미가 더 문맥에 정확하다. 즉 여기에는 풀무의 빈 상태와 마음의 빈 상태의 竝置가 전제되어 있는 것이다. 인간의 비극은 쓸데없이 너무 많이 듣는 것이다. 나의 심적 상태를 불필요하게 많이 채우는 것이다. 비어 있으면 궁함이 없는데, 오히려 꽉 차 있으면 자주 궁해진다는 것이다. 우리가 흔히 쓰는 속어에 "식자우환"이라는 말이 그렇고, 이미 우리가 공부한 구절속에 나오는 "백성을 무지무욕케 하라"(常使民無知無欲)든가, "지혜롭다 하는 자들로 하여금 감히 무엇을 한다고 하지 못하게 하라" (使夫智者不敢爲也)든가, "도는 텅비어 있어 아무리 써도 고갈됨이 없다"(道沖, 而用之或不盈)든가 하는 내용이 모두 동일한 의미맥락을 전달하고 있는 것이다. 그렇다면 "不如守中," "不若

守於中"의 "中"은 인간의 내면을 의미하는 동시에 곧 "虛"를 의미한다고 보아야 할 것이다. "虛其心"의 "虛"인 것이다. 天地不仁의 목적론적 세계관(teleological *Weltanschauung*)의 부정, 그리고 天地之間의 풀무비유가 의미하는 虛의 생성론(Becoming of Emptiness), 그리고 인간내면의 반주지주의적 虛의 中(anti-intellectualistic psychic Emptiness), 이 세 주제를 하나로 관통시키고 있는 제5장은 역시 하나의 위대한 지혜의 심포니로 간주하지 아니할 수 없을 것이다.

帛書 乙本 : 아마튜어의 눈으로도 쉽게 "天地不仁, 以萬物爲芻狗"구절을 확인할 수 있다. "天長地久"의 영화제목도 찾아보라! 두 밀레니엄 하고도 2세기 전의 문헌을 이렇게 육안으로 볼 수 있다는 것, 경이롭지 아니한가?

六章

谷神不死,
곡신불사,

是謂玄牝。
시위현빈。

玄牝之門,
현빈지문,

是謂天地根。
시위천지근。

綿綿若存,
면면약존,

用之不勤。
용지불근。

여섯째 가름

계곡의 하느님은
죽지 않는다.
이를 일컬어
가물한 암컷이라 한다.
가물한 암컷의 아랫문,
이를 일컬어
천지의 뿌리라 한다.
이어지고 또 이어지니
있는 것 같네.
아무리 써도
마르지 않는도다.

[說老] 아마도 『노자』 전체를 통하여 가장 시적인 한 장을 뽑으라 한다면, 나는 서슴치 않고 이 장을 뽑을 것이다. 실제로 『老子』에 매료된 많은 서구인들이 이 장에서 시적 영감을 받았다고 토로한다. 이 "谷神不死" 章은 노자의 인간적 정취와 그 절제된 언어가 가장 아름답게 표현된 매우 시적인 장임에는 틀림이 없다.

簡本에 이 6장은 나타나지 않는다. 그러나 帛書 甲·乙本에는 모두, 王本과 그 뜻과 글자가 대차가 없는 모습으로 나타나고 있다. 따라서 이 장은 王本 텍스트 그대로 뜻을 새겨도 별 지장이 없다. 6장이 簡本에 나타나지 않는다는 사실은 이 장이 道의 玄妙한 성격을 강조하고 있기 때문에 비교적 후대에 형성된 것이라고 생각할 수도 있으나, 또 郭店簡本을 抄寫한 사람의 취향이 이러한 『노자』의 시적 정취를 부차적인 것으로 간주하고 무시했다고도 말할 수 있는 것이다.

그런데 이 谷神(계곡의 하느님)이란 무엇인가? 이 谷神을 말하기 전에 내가 평소 이 장을 좋아해서 영역해 놓은 것을 여기 한번 적어본다.

The God of Valley never dies;
It is called the Mysterious Female.
The Gateway of the Mysterious Female
Is called the root of Heaven and Earth.
Continuously becoming, it seems as if it were there.
Yet in being used, it is never exhausted.

계곡의 하느님, 多夕선생께서 "골검"이라 번역하신 谷神이란 무엇인가? 동양고전에서 말하는 神이란 근세 서양말의 "갇" (God)의 번역술어로 정착되면서 그 뜻이 변질되었지만, 본시 神이란 우주의 氣가 발출하는 신묘한 기운을 말하는 것이며, 그것은 후대의 예술가 사혁(謝赫, 5세기 활약)이가 "기운생동" (氣韻生動)이라 말한 것과 같다. 동양사람들에게 있어서 "신" 이란 본시 명사가 아니요 형용사이다. 이것은 동양인에게 신이 존재하지 않는다는 말이 아니요, 서양사람들이 신이라 생각하는 모든 것이 사실 알고 보면 명사가 아니고 형용사인 것이다. 서양의 모든 철학적 오류, 모든 존재론의 오류는 신을 형용사로 보지 않고 명사로 본데서 기인하는 것이다. 이것은 럿셀경이 "기술이론"(Theory of Description)에서 주장하려는 궁극적인 소이연인 것이다.

이 장의 가장 명료한 주제는 페미니즘(Feminism)이다. 저 금강산의 일만 이천 봉을 보라! 제각기 그 아름다움을 뽐내며 의기탱천하는 듯 하늘로 치솟고 있지 않은가? 그러나 노자는 말한다. 저 아름다움을 뽐내는 겸재 실경의 일만 이천 봉우리가 모두 다 헛것이다! 저 봉우리의 아름다움은 오직 그 봉우리와 봉우리 사이에 형성되어 있는 보이지 않는 계곡의 기능과 아름다움 때문에만 가능한 것이다. 자태를 뽐내는 봉우리보다 자태를 감추고 있는 계곡(골)이 더 본원적이요, 더 본질적이요, 더 본연적이며, 도의 모습에 가까운 것이라고 간파한다.

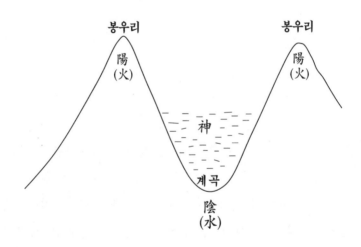

봉우리는 陽이요, 계곡은 陰이다. 봉우리는 남자의 성기요, 계곡은 여자의 성기다. 봉우리는 뽀송뽀송 마른 모습에 우뚝우뚝 솟기를 좋아하지만, 계곡은 항상 척척하게 젖어 있는 모습에 가랑이에 숨겨져 그 모습을 보이기를 부끄러워 한다. 그러나 노자는, 남자의 그것보다 여자의 그것이 우주의 본질에 더 가깝다고 간파하는 것이다. 그것은 보다 직접적으로 생성의 모체이기 때문이다. 우주의 모든 신묘한 기운은 봉우리로부터 나오는 것이 아니라 골로부터 나온다고 간파한다. 봉우리와 봉우리 사이의 골을 메우고 있는 것은 무엇인가? 그것이 바로 빔(虛)이다. 골은 빔의 상징이다. 빔이란 기하학적 공간을 말하는 것이 아니요, 골과도 같은 생성의 빔인 것이다. 비어 있지만 높은 봉우리의 모든 것이 그 낮은 골로 지향하게끔 되어 있는 것이요, 또 그냥 비어 있는 것이 아니라, 생성을 위한 생명의 순환으로 가득차 있다. 생명수와 산천초목이 항상 그 골에서 태어나고 있는 것이다.

항상 뽐내고 으시대고 잘난 체 하는, 봉우리같이 불뚝 불뚝 서있기 좋아하는 남성들이여 ! 항상 얼굴을 붉히며 수줍어하며 수모받는 낮은 자리에, 소리없이 숨어있는 여성들을 우습게 보지 말라 ! 아무리 그대들이 뽐낸다 한들, 높은 것은 결국 낮은 것으로 되돌아오게 마련이요, 소리는 아무리 질러봐도 침묵으로 돌아가게 마련이요, 참은 빔으로 돌아가게 마련일지니. 남성이란 여성이란 대지 위에 흩날리는 티끌만도 못한 존재로다 ! 남성이란 생멸의 한 고리에 불과한 잠시적(ephemeral) 존재라고 한다면, 여성이란 모든 생멸의 근원자로서 영속적(permanent)인 것이다.

나는 帝를 "하나님"으로 번역하였고, 神을 "하느님"으로 번역하였다. "하나님"은 유일자라고 인간이 만들어 놓은 허구적인 실체, 허상적인 인격체를 가리키는 것이요, "하느님"은 우리 조선민중의 사상인 동학(東學)이 말하는 "하늘님," 즉 신령스러운 우주의 기운을 말하는 것이다. 하나님은 명사이지만, 하느님은 명사일 수가 없는 것이다. 그것은 精에 대한 神이요, 땅에 대한 하늘이요, 魄에 대한 魂이요, 血에 대한 氣요, 有形에 대한 無形이다. 우리가 신 즉 하느님이라고 말하는 모든 것이 결국 알고보면 有形者에 대한 無形者를 가리키는 것이요, 인간의 감관으로 포착될 수 없는 신묘한 무형적 기운을 지칭하는 것이다. 그것은 골검이다. 예로부터 우리는 신령스러운 山을 일컬어 "검산"이라 했으니 "골검"이라는 다석의 번역은 우리말의 정수를 찌르고 있다 할 것이다. 단군신화의 "검"(熊)과 관련된 모든 상징체계가 노자가 말하는 골검과 상통하는 것이다.

골검은 죽지 않는다. 계곡의 하느님은 죽지 않는다. 그것은 빔이요 무형이기 때문에 死滅의 형체를 지니고 있지 아니한 것이다. 그 보이지 않는 무형의 기운을 무어라 해야 할까? 울뚝 불뚝

숫기만 좋아하는 저 봉우리라 해야 할까? 저 잘난 체하는 숫컷 놈들이라 해야 할까? 아니, 그럴 수 없지. 난 말야, 이 우주, 이 만물의 생성자인 道를 남성이라고 생각해본 적이 없어! 그것, 참 "도가도비상도"라, 무어라 말하기 힘들지만, 구태여 상징화 해서 말하자면 여성일 수밖에 없어. 그래! 에미(母)라 하자! 그런데 인간의 한 몸을 낳고 기르는 개별적 에미가 아니니까 현묘한 에미, 우주적 에미, 가믈한 에미, 가믈한 암컷(玄牝)이라 하 자!

그렇지 그 가믈한 암컷, 그 야믈한 에미, 그 암컷의 아랫문을 보아라! 그것이야말로 우리가 살고 있는 이 천지, 하늘과 땅의 뿌리(天地根)가 아니겠는가?

牝(빈)은 "에미," "암컷"의 의미다. 아마도 소 牛변이 있는 것으로 보아 옛날 농경사회에서 모든 생산력의 근원이라 할 수 있는 "암소"에 대한 존중의 관념이 반영된 글자일 수도 있다. "玄牝之門"은 여기 아주 분명하게, 여성의 성기(female sexual organ)의 함의가 드러나 있다. 제1장의 "중묘지문"(衆妙之門)이나 여기 제6장의 "현빈지문"(玄牝之門)은 모두 농경 사회의 생산성 예찬(Fertility Cult)의 제식과 관련된 어떤 상징 일 수밖에 없다. 여성의 성기야말로 모든 생성의 뿌리다. 따라 서 우주적 암컷의 성기(아랫문)야말로 천지의 뿌리라고 노자는 갈파하는 것이다.

그럼 그 성기는 어떻게 생긴 것일까? 이 우주적 성기의 모습에 대하여 노자는 "면면"(綿綿)이라는 또 하나의 상징어를 사용한다. 우리가 지금 우리의 일상생활속에서 "면면히 흐르고 있는" 등의 표현을 쓸 때의 "면면"이 바로 『노자』에서 연유된 것이다. 이 표현방식은 옛날 농경사회의 방직문화를 생각하면 쉽게 이해가 간다. 솜을 물레에 집어넣어 실이 되어나오는 모습, 그 보슬보슬한 솜들이 꼬아져서 끊임없이 연결되는 실이 되어 계속 나오는(生) 모습을 곧 천지우주의 성기의 모습이라고 생각한 것이다. "면면"이라는 표현은 곧 우주의 생성의 연속성 (Continuity of Becoming), 그 순환성을 가리킨 것이다. 그러나 이러한 연속성조차도, 그것을 실꼬이는 모습으로 상징화해서 "기술"할 뿐, 그 연속성의 실체를 하나의 존재로서 상정할 수 없다. 그래서 노자는 그 실체의 거부, 우주의 성기가 하나의 실체로서 존재하는 것이 아니라는 그 맥락을 살리기 위해 "약존" (若存, 있는 **것 같다**)이라는 표현을 쓴 것이다. 이에 대해 또 우리의 왕필은, 이 기회를 놓칠세라, 어김없이 멋드러진 주석을 달아놓고 있다.

> 欲言存邪, 則不見其形; 欲言亡邪, 萬物以之生。 故綿綿若
> 存也。

그것이 있다고 말할려고 하면, 그 형체를 볼 수가 없고; 그것
이 없다고 말할려고 하면, 만물이 그로부터 생겨나고 있다.
그래서 있다고도 없다고도 말하지 않고 "면면히 있는 것 같
다"라고 표현한 것이다.

역시 그 핵심을 꿰뚫는 名注라 할 것이다.

다음에 "用之不勤"은 대강 뜻이 통하지만, "勤"에 대한 주석
이 "勞"의 뜻과 "盡"의 두가지 뜻으로 엇갈린다. 먼저 "勤"을
"勞"로 해석하는 입장은 왕필이 취한 해석이다. "用之不勞"의
의미는, "만물은 아무리 쓰임을 당해도, 그것을 수고롭게 생각하
지 않는다"의 뜻이다. 不勞의 주체는 만물이 될 것이다.(無物不
成用而不勞也, 故曰用而不勤也。)

그러나 보다 보편적인 주석은 "勤"을 "盡"으로 보는 것이다.
"用之不勤"은 그렇게 되면, "아무리 퍼내어 써도 고갈되지(마르
지) 않는다," "아무리 써도 다하지 않는다"의 뜻이 된다. 즉 계
곡의 빔의 상태를 표현하는 말이 되는 것이다. 계곡에서는 아무
리 물을 퍼 써도 그것이 고갈됨이 없다는 것이다. 요새와 같이
오염된 민둥성이 산이 아닌, 옛날의 청정하고 깊고 깊은 골을 생
각하면 "虛而不屈, 動而愈出"의 이미지나 "用之不勤"의 이미
지가 쉽게 연상될 수 있을 것이다. 가용할 수 있는 에너지의 無
窮盡한 보전상태를 가리키는 것이다.

이 아름다운 詩的인 6장을 생각할 때, 최근 영화의 한 불경스러운 장면을 연상해보면 어떨까? 시대정신에 저항하는 만학의 한 의학도의 생애를 그린, 감동스러운 명화, 로빈 윌리암스 주연의 『패치 아담스』(*Patch Adams*) ! 산부인과학의 석학 교수님들께서 거대한 여성 가랑이의 건조물 밑으로 빠끔 나있는 문으로 걸어들어가고 계신 그 코믹한 장면을 !

도올 김용옥선생님의 저술목록

『여자란 무엇인가』, 『東洋學 어떻게 할 것인가』

『절차탁마대기만성』, 『루어투어 시앙쯔』(上·下)

『논술과 철학강의』(1·2), 『아름다움과 추함』, 『새춘향던』

『이땅에서 살자꾸나』, 『길과 얼음』, 『도올세설』

『老子哲學 이것이다』, 『나는 佛敎를 이렇게 본다』

『白頭山神曲·氣哲學의 構造』, 『新韓國紀』, 『三國遺事引得』

『태권도철학의 구성원리』, 『이성의 기능』

『도올논문집』, 『天命·開闢』, 『시나리오 將軍의 아들』

『石濤畵論』, 『삼국통일과 한국통일』(上·下), 『대화』

『醫山問答: 기옹은 이렇게 말했다』, 『도올선생 中庸講義』

『너와 나의 한의학』, 『건강하세요 I』, 『氣哲學散調』

『話頭, 혜능과 셰익스피어』, 『도올 김용옥의 金剛經 강해』

『노자와 21세기』(1·2·3), 『달라이라마와 도올의 만남』(1·2·3)

『기독교성서의 이해』, 『요한복음강해』, 『계림수필』

『도올의 도마복음한글역주』(1·2·3), 『큐복음서』

『논어한글역주』(1·2·3), 『효경한글역주』, 『대학·학기한글역주』

도올논문시리즈

제1집: 『도올의 淸溪川 이야기』 – 서울, 유교적 풍류의 미래도시

제2집: 『讀氣學說』 – 최한기의 삶과 생각

제3집: 『혜강 최한기와 유교』 – 『기학』과 『인정』을 다시 말한다

제4집: 『삼봉 정도전의 건국철학』 – 『조선경국전』 『불씨잡변』의 탐구

제5집: 『도올심득·동경대전』 – 플레타르키아의 신세계

제8집: 『도올의 국가비전』 – 신행정수도와 남북화해

제9집·10집: 『앙코르와트·월남가다』(上·下) – 조선인의 아시아 문명탐험

도올 김용옥이 말하는

老子와 21세기(1)

1999년 11월 11일 초판발행
2011년   5월 10일 3판 17쇄

지은이 도 올 김 용 옥
펴낸이 남   호   섭
펴낸곳 통   나   무

서울 종로구 동숭동 199-27
전화 : (02) 744 - 7992
팩스 : (02) 762 - 8520
출판등록 1989. 11. 3. 제1-970호

ISBN 89-8264-091-6 03150
ISBN 89-8264-090-8 (세 트)